C.H.BECK WISSEN

Das 19. Jahrhundert begann mit dem revolutionären Beben des Jahres 1789 in Frankreich und endete mit dem Ersten Weltkrieg. In dieser Zeit erlebte Deutschland den Zusammenbruch der ständischen Welt, die bürgerliche Revolution von 1848/49 mit ihren sozialrevolutionären Unterströmungen sowie eine industrielle Revolution, die gewaltige wirtschaftliche Kräfte freisetzte und in die Entstehung einer Klassengesellschaft mündete. Mit der Nationalstaatsgründung in Form eines preußisch-kleindeutschen Reiches 1871 beschleunigte sich der dynamische Wandel und steigerte sich zu einem globalen Konkurrenzkampf der europäischen Mächte, der 1914 in den Ersten Weltkrieg führte.

Dieter Hein, Professor für Neuere Geschichte an der Goethe-Universität Frankfurt am Main, bietet in seinem Buch eine exzellente Kurzdarstellung und eine kluge Analyse des «langen Jahrhunderts» der deutschen Geschichte. Von demselben Autor ist im Verlag C.H.Beck lieferbar: *Deutsche Geschichte in Daten* (2005); *Die Revolution von 1848/49* ([5]2015).

Dieter Hein

DEUTSCHE GESCHICHTE IM 19. JAHRHUNDERT

Verlag C.H.Beck

Für Karin

Originalausgabe

Satz, Druck und Bindung: Druckerei C.H.Beck, Nördlingen
Umschlaggestaltung: Uwe Göbel, München
Printed in Germany
ISBN 978 3 406 67507 2

www.chbeck.de

Inhalt

Einleitung

Was hat uns die deutsche Geschichte des 19. Jahrhunderts (noch) zu sagen? Viele Jahrzehnte lang stand nach 1945 für die Geschichtswissenschaft wie auch für eine breitere Öffentlichkeit fest, dass die Beschäftigung mit dem 19. Jahrhundert gewissermaßen die Königsdisziplin der Historie sei: Mit Blick auf diese Epoche wurden die zentralen methodischen Innovationen entwickelt und erprobt, in der Auseinandersetzung mit ihr ergaben sich die großen Grundsatzdebatten des Faches. Angeregt wurde das Interesse zunächst von der Suche nach den Wurzeln der neuen demokratischen Ordnung, dann in einem umfassenderen Sinn nach den Grundlagen der Moderne, insbesondere nach ihren wirtschaftlichen und sozialen Grundlagen in Ergänzung zur älteren vorwiegend politischen Geschichtsschreibung. Eine Art abschließende Bilanz dieser intensiven Beschäftigung mit dem 19. Jahrhundert zogen dann die seit den 1980er Jahren erschienenen mehrbändigen Gesamtdarstellungen von Thomas Nipperdey und Hans-Ulrich Wehler.

Parallel hierzu war jedoch bereits eine deutliche Schwerpunktverlagerung hin auf das 20. Jahrhundert, auf die Zeitgeschichtsschreibung, zu beobachten. Eine ganze Reihe von zunächst voneinander unabhängigen Impulsen kam hier zusammen und verstärkte sich teilweise gegenseitig: das trotz oder wegen des zunehmenden zeitlichen Abstandes wachsende Interesse an der Geschichte der NS-Epoche, die Historisierung der Bundesrepublik, die 1989/90 mit Wucht einsetzende Aufarbeitung der DDR-Geschichte, aber auch konzeptionelle Überlegungen wie die kritischen Zweifel an der Deutung der beiden letzten Jahrhunderte als einer durchgängigen Modernisierungsentwicklung.

Erst recht rückte das 19. Jahrhundert mit der Wende zum 21. Jahrhundert nicht nur kalendarisch in weitere Ferne. Die Beschäftigung mit dem 19. Jahrhundert schien mehr antiquarischen Charakter zu bekommen, ähnlich dem der anderen älteren Epochen, aber ohne dass sich die Geschichtsschreibung zum 19. Jahrhundert schon – wie die Mittelalter- und die Frühneuzeithistoriographie – methodisch und inhaltlich gerüstet hätte für diesen veränderten Blick auf die Epoche. Und sehr weit sind Überlegungen, das 19. Jahrhundert weniger als Vorgeschichte der eigenen Gegenwart denn als eine fremde, andersartige Zeit zu begreifen, bislang nicht gediehen: also etwa den Untergang der bürgerlichen Welt des 19. Jahrhunderts zu betonen oder nach gesellschaftlichen Strategien für den Umgang mit ökonomischer Stagnation zu fragen.

Zudem tritt, wenn nicht alles täuscht, allmählich bereits wieder eine Wende ein, nicht zuletzt durch die großen Wandlungstendenzen und Konflikte, die weltweit unsere Gegenwart bestimmen. Ja, der Blick wird dadurch nicht nur wieder stärker auf das 19. Jahrhundert gelenkt, sondern er wird durch die aktuellen Entwicklungen noch zusätzlich geschärft. Gemeint sind damit weniger die wachsenden Erwartungen an die Geschichtswissenschaft, ihre Themen und Fragestellungen sowohl zu europäisieren als auch zu globalisieren, obwohl zweifellos von beiden Tendenzen wichtige Impulse auch zur Erforschung des 19. Jahrhunderts ausgegangen sind und ausgehen. Vielmehr ist für eine Überblicksdarstellung zur deutschen Geschichte des 19. Jahrhunderts die Überlegung wichtiger und anregender, dass sich teilweise im europäischen, vor allem aber im weltweiten Rahmen heute eine Reihe von Problemen und Konflikten als fundamental erweist, die in Deutschland in besonderer Schärfe im 19. Jahrhundert auf der Tagesordnung standen.

Fünf Problemkreise erscheinen in diesem Zusammenhang als zentral:

1) Besteht ein unauflöslicher Zusammenhang zwischen wirtschaftlicher und politischer Modernisierung beziehungsweise Liberalisierung? Oder sind beide Entwicklungen voneinander zu trennen und damit auch unabhängig voneinander zu realisieren? Sind – allgemeiner gesprochen – überhaupt die europäischen Wege der Modernisierung im 19. Jahrhundert alternativlos und zwangsläufig?

2) Wer soll das Subjekt, der Träger einer neuen, auf verstärkter Partizipation gründenden und letztlich demokratischen Ordnung sein? Wie wird dieses Subjekt definiert, welche zeitbedingten Einschränkungen – etwa im Hinblick auf das Geschlecht – prägen die Definition? Wie kann es geschaffen und gestärkt, wie unter sich verändernden Bedingungen erhalten werden? Welche Wege führen eher zum angestrebten Ziel der Demokratisierung: die frühzeitige Öffnung oder die vorübergehende Beschränkung von politischer Mitbestimmung, von Bildung und von sozialer und kultureller Teilhabe?

3) Was für ein staatliches Gehäuse erfordert eine moderne partizipative politische Ordnung? Wird ihr nur der Nationalstaat gerecht? Welche Alternativen sind im 19. Jahrhundert entworfen worden, welche Realisierungschancen hatten sie? Welche unterschiedlichen Ausformungen von Nationalismus und Nationalstaatlichkeit waren denkbar?

4) Wie können die Gebote der Religion und die religiösen Orientierungen einer großen Zahl von Menschen in Einklang gebracht werden mit den Erfordernissen der modernen Welt? Geht das nur über eine Säkularisierung der Gesellschaft oder auch über eine Modernisierung der Religion?

5) Schließlich der Charakter des Wandels selbst, sprich: die grundlegende Alternative von Revolution und Reform: Wie kann eine Gesellschaft mit dem historisch Gewordenen, mit den Traditionen, auch mit den fortwirkenden Kräften der alten Ordnung umgehen? Eröffnet nur der radikale Bruch die Chance zum durchgreifenden Wandel, oder sind dessen Kosten deutlich höher als die eines gleitenden Übergangs und einer reform- und kompromissorientierten Politik?

Sicherlich kann ein knapp gefasster Überblick über die deutsche Geschichte des 19. Jahrhunderts keine fundierten Antworten auf diese Fragen geben. Sie können und sollen auch nicht die Darstellung strukturieren. Wohl aber werden sie stets mitgedacht sowie an einzelnen Stellen auch explizit angesprochen, so dass die historische Entwicklung als Argument bei den Erörterungen der Herausforderungen unserer Gegenwart herangezogen werden kann.

Insgesamt ergibt sich daraus für die Darstellung ein kritisch reflektierter und aktualisierter modernisierungshistorischer Ansatz. Denn trotz aller bedenkenswerten methodischen und inhaltlichen Kritik, die an dieser Deutungsperspektive geäußert worden ist, gibt es bislang keine begriffliche Alternative, die die einzelnen Teilbereiche des Wandels in ähnlicher Weise aufeinander bezieht und bündelt. Der Weg in die Moderne kann freilich keine lineare Fortschrittsgeschichte im Sinne des 19. Jahrhunderts mehr sein; zu deutlich sind die Schattenseiten und Ambivalenzen. Und die Definition der Moderne darf nicht normativ verengt und damit enthistorisiert werden, sondern muss in der Deutung stets die Wandelbarkeit des Fluchtpunkts mitbedenken und reflektieren.

Eine Geschichte des 19. Jahrhunderts auf knappstem Raum zu schreiben, erfordert zwangsläufig eine radikale Verkürzung. Vieles von dem, was gerade auch die jüngere Historiographie intensiv beschäftigt und zu einem besonders facettenreichen, oft geradezu widersprüchlichen Bild des Jahrhunderts beigetragen hat – von der Kultur- und Wissensgeschichte über die Geschichte des Alltags und der Mentalitäten bis hin zur Religions- und auch Geschlechtergeschichte –, kann kaum oder gar nicht angesprochen werden.

Im Vordergrund steht vielmehr – gerade auch im Unterschied zu einigen anderen knappen Gesamtdeutungen des 19. Jahrhunderts, die systematisch angelegt sind – der Versuch, sowohl für das Jahrhundert insgesamt als auch für einzelne Phänomene wie die Industrialisierung, den Aufstieg des Bürgertums oder die Nationsbildung die historischen Abläufe und die unterschiedlichen Entwicklungsphasen besonders zu verdeutlichen. Mit anderen Worten: das Jahrhundert als ein Durchgangszeitalter, als eine Epoche des fundamentalen, konfliktreichen Wandels und der sich beschleunigenden Bewegung zu akzentuieren.

Schließlich besteht trotz mancher abweichender Vorschläge kein Anlass, von der seit langem in der Geschichtswissenschaft etablierten zeitlichen Eingrenzung des 19. Jahrhunderts auf die Zeitspanne 1789 bis 1914 abzugehen. Vielmehr bietet die große zeitliche und inhaltliche Spannweite der Periodisierung als «langes» 19. Jahrhundert erhebliche Vorteile: Die Kontraste zwischen Beginn und Ende werden schärfer, die Gefahr, die Epoche zu geschlossen und einheitlich zu charakterisieren, wird gebannt; nicht zuletzt wird die beschleunigte Modernisierung der Zeit um 1900 und deren kontroverse Deutung durch die Zeitgenossen und die Geschichtswissenschaft noch in die Darstellung einbezogen und für das Gesamtbild der Epoche berücksichtigt.

I. Das revolutionäre Zeitalter (1789–1849)

Wenn die Historiker der ersten Hälfte des 19. Jahrhunderts den hervorstechenden Charakter ihrer eigenen Zeit zu bestimmen suchten, so kreisten ihre Überlegungen vor allem um den Begriff «Revolution». Indem sie ihr Zeitalter als revolutionär definierten, unterstrichen sie zunächst einmal das Neuartige und die Tiefe der Zäsur, die ihre Gegenwart und jüngere Vergangenheit von den älteren Epochen trennte – getrennt in erster Linie durch die Französische Revolution und, teils mehr, teils weniger betont, die vorangegangene Amerikanische Revolution.

Sie akzentuierten damit zugleich das Ausmaß des Wandels, der seither die Zeitgenossen in Bann hielt und der für sie vor allem die Erschütterung der zuvor als ewig gedachten monarchischen Ordnung und deren Herausforderung durch das Prinzip der Volkssouveränität bedeutete. Damit einher gingen das Gefühl ständig drohender neuer revolutionärer Umbrüche und die Sorge vor plötzlich wiederkehrenden Gewaltausbrüchen. Mehr als je zuvor schienen alle Dinge in Bewegung geraten zu sein, und sie veränderten sich in dramatisch beschleunigtem Tempo, ja, die Zeit selbst schien schneller zu vergehen – mit ungewissem Ausgang und einer offenen, noch zu gestaltenden Zukunft. Gerade auch die politischen Auseinandersetzungen schienen dadurch bestimmt zu sein, dass nun nicht mehr um die Wiederherstellung einer gerechten Ordnung, sondern um die Zukunft gerungen wurde, dass Politik von Ideen getragen wurde, die für sich in Anspruch nahmen, eine adäquate Antwort nicht allein auf konkrete aktuelle Probleme, sondern auf alle Fragen der Zukunft und damit letztlich für die gesamte Menschheit bereitzuhalten.

Alle diese Diagnosen und Deutungen der Epoche werden auch von den heutigen Historikern im Kern noch geteilt. Hinzu gekommen ist, obwohl bereits im 19. Jahrhundert «die unendliche Entfaltung der materiellen Kräfte» (Leopold v. Ranke) als weitere fundamentale Neuerung registriert und gewürdigt wurde, neben der politischen Revolution den revolutionären Charakter des ökonomischen Umbruchs zu betonen, wie dies insbesondere mit dem Begriff der «Doppelrevolution» geschieht. Gerade für den deutschen Fall verdeckt dieser Begriff aber das Eigentliche, dass es sich nämlich um ein Nacheinander handelt, dass für die revolutionären Herausforderungen und Veränderungen der ersten Hälfte des 19. Jahrhunderts nicht primär ein ökonomischer Strukturwandel als Anstoß und Ursache identifizierbar ist. Das revolutionäre Zeitalter endete in den Erhebungen von 1848/49, bevor die industrielle Revolution in Mitteleuropa zum vollen Durchbruch kam.

1. Aufbruch aus der ständischen Welt

Gerade aus der rückblickenden Perspektive des revolutionären Umbruchs zu Beginn des 19. Jahrhunderts erscheinen das Mittelalter und die Frühe Neuzeit als Einheit, als eine in sich geschlossene vormoderne Welt. Geprägt war sie durch das ständische, genauer: das geburtsständische Prinzip, nach dem die durch die Geburt gegebene Zugehörigkeit zu einem Stand in einer allumfassenden Weise das Leben allgemein wie auch den Lebensweg des Einzelnen bestimmte: seine Rechtsstellung, seinen Beruf, seinen sozialen Rang, selbst seine Kleidung und sein Auftreten, seine Feste und Vergnügungen.

Diese ständische Ordnung war in einem doppelten Sinne statisch, darauf ausgerichtet, die vorhandenen gesellschaftlichen Hierarchien zu zementieren und in einer Welt der relativen ökonomischen Stagnation die vorhandene Nahrung und die gegebenen Erwerbsmöglichkeiten angemessen zu verteilen.

Das ist gewiss ein idealtypisch zugespitztes Bild, dem die historische Realität kaum je entsprach. Zu groß waren sowohl regional als auch über die Epochen hinweg die Varianten und Abweichungen von dem postulierten Grundmuster. Zudem sollte nicht übersehen werden, dass die Regelungsmechanismen der ständischen Ordnung durchaus in der Lage waren, flexibel auf äußere Störungen wie Kriege, Epidemien, Missernten oder Klimaschwankungen und auf neue wirtschaftliche Gegebenheiten wie etwa neue Kulturpflanzen zu reagieren.

Dennoch besteht in der Geschichtswissenschaft weitgehend Einigkeit darin, dass in der zweiten Hälfte des 18. Jahrhunderts ein sich beschleunigender und verdichtender Prozess dynamischen Wandels in Gang gekommen ist. Die ältere historische Forschung hat im Rahmen ihrer weitgehend auf das staatliche Handeln beschränkten Perspektive in den Reformen der absolutistischen Monarchien, vor allem in der späten Phase des aufgeklärten Absolutismus, insbesondere in Preußen unter Friedrich II. und Österreich unter Joseph II., den entscheidenden Anstoß sehen wollen.

Wir müssen jedoch heute sagen: Ein spezifischer Auslöser und eine eindeutige Ursache sind nicht auszumachen. Vielmehr griff eine Fülle von Veränderungen in unterschiedlichen Bereichen so ineinander, dass sich insgesamt eine zunehmende Auflösung der ständischen Ordnung und der Aufbruch in eine neue Gesellschaft abzuzeichnen begannen. Wie sehr den Zeitgenossen um 1780 bewusst war, in einer Epoche starken Wandels und wachsender Dynamik zu leben, klang bezeichnenderweise häufig in den ersten Äußerungen an, mit denen auf deutscher Seite die Ereignisse der Französischen Revolution kommentiert wurden: «Uns alle reizt jetzt das große Schicksal von Frankreich», schrieb etwa der Sachsen-Weimarer Prinzenerzieher Karl Ludwig von Knebel an seine Herzogin Anna Amalia, und weiter: «In der Tat setzt dieses der Aufklärung und den Fortschritten dieses Jahrhunderts gleichsam die Krone auf.» Die Revolution erschien also als konsequente Fortführung einer längst in Gang gekommenen Entwicklung.

In Knebels Worten klingt zugleich an, dass die Zeitgenossen den zentralen dynamisierenden Faktor in der Aufklärung sahen. Mit ihrem Streben nach rationaler Welterkenntnis, mit ihrem Vorgehen, alles und jedes der vernunftgeleiteten Kritik zu unterziehen, schuf die Aufklärung die entscheidenden Voraussetzungen für Veränderung oder, wie es Immanuel Kant 1783 in seiner berühmten Definition formulierte, für den «Ausgang des Menschen aus seiner selbst verschuldeten Unmündigkeit». Daraus leitete sich im Grunde alles Weitere ab, das sich in einem langen Diskussionsprozess mehr und mehr klärte und zuspitzte: das Infragestellen der christlichen Glaubenswahrheiten, die fundamentalen Zweifel an der Idee einer gottgewollten gesellschaftlichen Ordnung, sprich, an der dominierenden Stellung des Adels und der Kirche, die Kritik am Gottesgnadentum des Monarchen und die Suche nach neuen Legitimationen politischer Herrschaft.

Nicht vergessen werden darf über diesen Grundsatzfragen, dass die Aufklärung immer auch ihre praktischen Seiten und Wirkungen hatte. Das Rationalitätspostulat beförderte den wissenschaftlichen, gerade auch naturwissenschaftlichen Erkenntnisprozess, es trieb dazu an, die ökonomische Praxis auf den Prüfstand zu stellen und experimentell weiterzuentwickeln: die landwirtschaftlichen Anbaumethoden, die technische Nutzung der Naturkräfte und Bodenschätze, die Formen der Betriebsführung etwa im Handel, aber auch die gesamtwirtschaftlichen Theorien beispielsweise eines Adam Smith.

Dabei spielten auch staatliche Reformen unter der Ägide des aufgeklärten Absolutismus eine nicht unerhebliche Rolle: die Anfänge der Bauernbefreiung auf den landesfürstlichen Domänen in Preußen, gewerbepolitische Maßnahmen wie die Begünstigung von Manufakturen, die Förderung der wirtschaftlichen Aktivitäten religiöser Minderheiten. Im Ergebnis zeigten sich durchaus Fortschritte in der agrarischen wie in der gewerblichen Produktion, die einer wachsenden Zahl von Menschen Arbeit und Nahrung boten und damit auch eine Basis für ein Wachstum der Bevölkerung.

Unterstützt und begleitet wurde diese Entwicklung von einem Wandel, der einerseits bereits anzeigte, dass die überkommenen ständischen Muster der gesellschaftlichen Stabilisierung nicht mehr griffen, und der andererseits die Auflösung der ständischen Ordnung selbst wiederum vorantrieb: von der beginnenden demographischen Revolution. Bereits zwischen 1750 und 1800 wuchs die Bevölkerung im Alten Reich um circa 25 Prozent auf etwa 30 Mio. Einwohner. Das sind freilich Schätzungen, da genaue Zahlen aufgrund der noch in den Anfängen steckenden Bevölkerungsstatistik nicht vorliegen. Zugleich verdecken diese Zahlen auch die gravierenden regionalen Unterschiede, die von starkem Wachstum im Norden und Osten des Reiches bis hin zu stagnierenden, eventuell sogar rückläufigen Zahlen im Südosten, in Altbayern und weiten Teilen Österreichs, reichten.

Das frühe Einsetzen des Bevölkerungswachstums deutet an, dass es kaum aus Verbesserungen bei der Hygiene und der medizinischen Versorgung resultieren konnte, zu denen es erst später kam. Zwar gingen die früher oft verheerenden Seuchen zurück, aber die Säuglingssterblichkeit war nach wie vor extrem hoch. Wichtiger war die höhere Lebenserwartung der älteren Kinder und der Erwachsenen aufgrund der besseren Nahrungsmittelversorgung, durch die sich wiederum auch die Zahl der gebärfähigen Frauen erhöhte; zudem verloren die überkommenen Normen, die späte Heiraten begünstigten und illegitime Geburten zu verhindern suchten, an Wirkungskraft.

Mit dem Bevölkerungswachstum nahm auch die geographische Mobilität zu, zum einen die grenzüberschreitenden Wanderungen im europäischen Raum, zum anderen die Zuwanderung in die Städte, und zwar weniger in die Reichsstädte und andere Handels- und Gewerbezentren als vielmehr in die Residenzstädte der größeren Territorien: So erhöhte sich die Einwohnerzahl Berlins und Wiens zwischen 1750 und 1800 jeweils um rund 50 Prozent auf 172 000 beziehungsweise 232 000 Einwohner.

Zu den Auflösungserscheinungen der ständischen Ordnung gehörten zugleich neue Formen der sozialen Mobilität. Einhergehend mit der Aufklärung bildete sich eine neue Schicht von Gebildeten: Pfarrer, Schriftsteller, Professoren, Lehrer, Ärzte, Advokaten und andere aufgeklärte, meist juristisch vorgebildete Staatsdiener, die nicht mehr in die ständischen Schemata passten und die ihre gesellschaftliche Stellung allein ihrer Bildung und damit eigener Leistung verdankten. Doch auch im Handelsbürgertum der mittleren und größeren Städte verbreiteten sich Bildung und aufgeklärtes Denken sowie ein flexibleres, wagemutigeres unternehmerisches Handeln, das über die bestehenden Strukturen des durch ständisches Recht abgegrenzten älteren Stadtbürgertums hinausdrängte.

Mit diesem neuen Bürgertum begannen sich schließlich, wiederum in enger Verknüpfung mit der Aufklärung, nachständische Formen der Kommunikation und Interaktion und neue gesellschaftliche Leitbilder zu etablieren. Konkret organisierten sich die Reformbestrebungen in einem neuen öffentlichen Diskurs der Zeitschriften und der Literatur sowie in verschiedenen Formen von Aufklärungsgesellschaften, zuerst in Akademien und wissenschaftlichen Sozietäten, dann in Freimaurerlogen und patriotisch-gemeinnützigen Vereinen, schließlich im letzten Drittel des Jahrhunderts auch in Lesegesellschaften und literarischen Salons. Und so, wie sich in diesen Assoziationen gebildete Menschen freiwillig und aufgrund individuellen Engagements zusammenfanden, so sollte auch die Gesellschaft der Zukunft nach den Prinzipien der Vernunft, der Bildung, der individuellen Leistung und der rechtlichen Gleichheit gestaltet werden, eben eine – wie die Bezeichnung dann lautete – nicht mehr ständische, sondern bürgerliche Gesellschaft sein.

Ob und wann die verschiedenen dynamischen Entwicklungsansätze sich so beschleunigt und verstärkt hätten, dass ein fundamentaler Umbruch eingetreten wäre, ist freilich ungewiss. Der Impuls, der letztlich staatliche Reformen erzwang, der die Zukunftsvorstellungen konkretisierte und radikalisierte und der die politischen Fronten klärte, kam jedenfalls von außen, ging von der Französischen Revolution aus.

2. Revolution, Reform, Restauration

Die Französische Revolution und Deutschland Über die Ereignisse in Paris war man in den deutschen Territorien von Anfang an, sowohl durch Reisende als auch durch die Presse, bestens informiert, und es konnte kaum ausbleiben, dass sie vor allem in der sich gerade neu bildenden und expandierenden bürgerlichen Öffentlichkeit, in den Lesegesellschaften, Logen und Kaffeehäusern, erregt diskutiert wurden. Die Beurteilung der revolutionären Vorgänge war nicht nur von den sich klärenden politischen Fronten, sondern vielleicht noch stärker von den Revolutionsphasen bestimmt. Das erste Urteil war bis hinein in monarchische Kreise – zu nennen ist beispielsweise Kaiser Joseph II., der sich durch die Beschlüsse der französischen Nationalversammlung plagiiert fühlte – zunächst durchgängig positiv und von dem Tenor geprägt, dass die Franzosen jetzt das nachvollzögen, was in Deutschland bereits durch die Reformen des aufgeklärten Absolutismus in Gang gebracht worden sei. Erst recht aber wurden die Revolution und ihre Errungenschaften, von der Aufhebung der Feudalrechte über die Menschenrechtserklärung bis hin zur Verfassung von 1791, in den Kreisen der Gebildeten – von Wieland bis Schiller und von Kant bis Hegel – enthusiastisch begrüßt, als politische Realisierung des von der Aufklärung entworfenen Zukunftsprojekts.

Das änderte sich in mehreren Schüben mit der Radikalisierung der Revolution und den blutigen Gewaltexzessen, angefangen mit den Septembermorden 1792 über die Hinrichtung des Königs im Januar 1793 bis hin zum Ende der Terreur im Sommer 1794. Sowohl überzeugte Anhänger der Monarchie als auch idealistische Revolutionsbefürworter distanzierten sich nun entschieden von jeder revolutionären Umwälzung und setzten ganz auf Reformen. Nur wenige Realisten blieben auch nach den revolutionären Gewalttaten bei ihrem grundsätzlich positiven Bild. Und noch kleiner war die Gruppe der radikalen Revolutionsanhänger, der sogenannten deutschen Jakobiner, die nur in den von französischen Truppen besetzten Gebieten, wie in dem kurzlebigen Experiment der Mainzer Republik, eine nennenswerte Unterstützung in der Bevölkerung fanden.

Der eigentlich epochemachende, längerfristig wirkende Einfluss der Französischen Revolution auf die deutsche und europäische Entwicklung lag in noch fundamentaleren Aspekten. Zunächst einmal: Mit der Revolution trat ein tiefgreifender Wandel der politischen Kultur ein. In Frankreich war binnen kurzer Zeit – oft in Umgestaltung traditioneller, vielfach religiöser Formen – ein umfassendes Instrumentarium an Symbolen wie der Trikolore, an Allegorien wie der Freiheitsgöttin, an Medien wie den Bildflugblättern, an Ritualen wie den politischen Festen entwickelt worden, mit dem die revolutionären Ideen an breite Bevölkerungskreise vermittelt werden konnten und das nun in Deutschland übernommen und adaptiert wurde.

Eine zweite fundamentale Wirkung lag in der extremen Beschleunigung des politischen und gesellschaftlichen Wandels. «Wir haben in drei Tagen den Raum von drei Jahrhunderten durchquert», hieß es bald nach dem Sturm auf die Bastille. Worüber zuvor Jahre und Jahrzehnte diskutiert worden war, das wurde jetzt binnen Wochen oder gar Tagen zur Entscheidung gebracht, in die politische Praxis umgesetzt, wieder modifiziert und radikalisiert oder gar ganz verworfen. Dabei wurden politische Lösungen gefunden, die vor der Revolution und teilweise noch während der revolutionären Debatten undenkbar gewesen waren, und mit Methoden realisiert, die bis dahin unvorstellbar gewesen waren.

Schließlich und nicht zuletzt: Die Revolution prägte sich als Begriff und als ein spezifischer historischer Vorgang tief in das Bewusstsein der Zeitgenossen ein. Anhänger wie Gegner des großen Wandels, der nun auf der Tagesordnung stand, hatten jetzt ein fest umrissenes Bild davon, was eine Revolution sei, wie sie ablaufe, welche Chancen und Gefahren sie in sich berge und folglich, wie man sich zu ihr stellen und in vergleichbaren Situationen verhalten müsse. Dieses Wissen und Urteil über die Französische Revolution sollte noch nachhaltige Wirkung auf die weitere deutsche Geschichte haben, insbesondere 1830 und 1848/49.

Die Revolutionskriege Unmittelbar betroffen war ein größerer Teil der deutschen Bevölkerung von der Französischen Revolution jedoch erst, als die politische Bewegung im Nachbarland zur gewaltsamen Verteidigung der revolutionären Errungenschaften schritt und bald auch über die französischen Grenzen hinausdrängte. Die Motive hierfür waren nicht zuletzt innenpolitischer Natur: Der Krieg erschien vor allem den Radikalen als «notwendig, um die Freiheit zu festigen», gar als «nationale Wohltat», da von ihm eine neue revolutionäre Dynamik ausgehen und er die Franzosen über alle aufgebrochenen Gegensätze hinweg zu einer wahren Nation einen werde.

Hingegen hatten die Monarchen der europäischen Großmächte lange Zeit wenig Anstalten gemacht, militärisch gegen die Revolution zu intervenieren und für den Thron Ludwigs XVI. zu kämpfen. Alle Augen waren eher gen Osten gerichtet, auf die russische Expansionspolitik, auf die polnische Frage und auf den Türkenkrieg. Weder versuchte man, die französische Schwäche machtpolitisch auszunutzen, noch tendierte man trotz der engen verwandtschaftlichen Beziehungen zwischen Wien und Paris zu einer gegenrevolutionären Offensive. Die österreichisch-preußische Pillnitzer Deklaration vom 27. August 1791, die ein militärisches Einschreiten aller europäischen Mächte ankündigte, war eine leere Drohung.

Erst durch die französische Kriegserklärung an Österreich vom 20. April 1792 kam Bewegung in die Dinge, zumal der eben erst auf den Thron gelangte österreichische Herrscher Franz II. – anders als sein konstitutionell gesonnener Vater Leopold II. – strikt monarchisch-restaurativ orientiert war und einem harten Kurs zuneigte. Allgemein ging man auf Seiten der Interventionsmächte von einem schnellen Sieg und einer baldigen Niederschlagung der Revolution aus: Preußen und Österreich hatten unter dem Einfluss der adeligen französischen Emigranten bereits ein hartes Vorgehen gegen die Revolutionäre angekündigt. Die Deklaration wirkte allerdings eher in deren Sinne, indem sie deren Reihen nur umso fester zusammenband und die endgültige Absetzung des Königs forcierte. Mit den überraschenden Erfolgen der französischen Heere gingen die zur Verteidigung der Revolution geführten Feldzüge dann schon bald über in Befreiungs- und Eroberungskriege im Namen der Freiheit. Bereits im Oktober 1792 stießen die französischen Truppen erstmals in das Reichsgebiet vor und eroberten die Reichsfestung Mainz. Jedenfalls folgte statt eines schnellen Feldzugs eine fast ein Vierteljahrhundert dauernde und nur von kurzen Phasen der Waffenruhe unterbrochene Kriegszeit.

Nach dem ersten Koalitionskrieg von 1792 bis 1797 begann 1799 der zweite, bis 1802 dauernde Waffengang. Bereits 1803 setzten die Kampfhandlungen allerdings erneut ein und steigerten sich 1805 zum dritten Koalitionskrieg. 1806/07 folgte dann der allein von Preußen und Russland gegen Frankreich geführte vierte Koalitionskrieg. Und 1812 begann Napoleon schließlich den Russlandfeldzug, der 1813/14 in die Befreiungskriege überging und über die Völkerschlacht bei Leipzig im Oktober 1813 hin zur endgültigen Niederlage des französischen Kaisers 1814 und 1815 führte.

Die unerwartete militärische Stärke, die die französischen Revolutionsheere in diesen Kriegen demonstrierten, ist nicht zu Unrecht auf die hohe politische Motivation der Soldaten und die dann bald eingeführte allgemeine Wehrpflicht zurückgeführt worden. Zudem bestand aber die militärische Überlegenheit der Koalitionsmächte allenfalls auf dem Papier. In Wirklichkeit vermochte die revolutionäre Staatsgewalt in Frankreich mit intensiver Propaganda und mit rücksichtsloser Repression auch quantitativ größere Heere zu mobilisieren als ihre Gegner, auf dem Höhepunkt 1794 immerhin 800 000 Mann. Mindestens ebenso wichtig war, dass die Koalitionen der Gegner immer nur für kurze Zeit halbwegs fest gefügt waren, dass die einzelnen Mächte jeweils ganz eigensüchtige Ziele verfolgten und aus der antirevolutionären Phalanx schnell wieder ausschieden. Den Anfang machte am 5. April 1795 mit dem Sonderfrieden von Basel Preußen, das damit freie Hand für die dritte polnische Teilung gewinnen wollte und sich dann auch bis 1806 nicht mehr an den Koalitionskriegen beteiligte.

Gleich in zweifacher Hinsicht führte Preußen damit vor, in welche Richtung die künftige Entwicklung verlaufen sollte: Es scherte aus dem Reichsverband und den mit diesem verbundenen Treueverpflichtungen aus. Und es willigte in einem geheimen Teil des Friedensvertrages in die Abtretung des linken Rheinufers an Frankreich ein, für die es sich territoriale Entschädigungen auf dem rechten Rheinufer zusagen ließ. Diesem Muster folgten auch die nachfolgenden Friedensschlüsse von Campo Formio 1797 und Luneville 1801 zwischen Napoleon und Österreich beziehungsweise dem Reich. Damit aber kündigte sich eine territoriale Revolution im Reich an, die dann am

25. Februar 1803 durch den Reichsdeputationshauptschluss offiziell vollzogen wurde: Die Gebietsintegrität des Reiches wurde aufgegeben, indem das linke Rheinufer an Frankreich abgetreten wurde. Den Preis dafür mussten vorwiegend die kleineren Reichsglieder zahlen, die Reichsstädte, die Reichsritterschaften, die kleineren Fürstentümer und die geistlichen Herrschaften. Sie wurden den mittleren und größeren Territorien zugeschlagen, die sich – oft weit über ihre linksrheinischen Gebietsverluste hinaus – vergrößern und ihre Einwohnerzahl wie zum Beispiel Württemberg verdoppeln oder wie Baden gar verdreifachen konnten. Mit dem Verschwinden der kleineren Herrschaften, die über Jahrhunderte die wichtigste Stütze von Kaiser und Reich gewesen waren, war letztlich auch das Schicksal des Reiches insgesamt besiegelt. So war es nur konsequent, dass 16 süd- und mitteldeutsche Staaten am 12. Juli 1806 in Paris die Rheinbundakte unterzeichneten, mit der sie aus dem Reichsverband austraten und sich dem Protektorat Napoleons unterstellten. Der letzte Akt folgte wenige Wochen später, am 6. August 1806, als Kaiser Franz II., der sich für diese Eventualität bereits 1804 durch den zusätzlichen Titel eines Kaisers von Österreich abgesichert hatte, die Reichskrone niederlegte. Das fast tausendjährige Heilige Römische Reich deutscher Nation war damit endgültig untergegangen.

Reformen in Preußen und im Rheinbund War man auf deutscher Seite vor der direkten Konfrontation mit den Truppen der Französischen Revolution und Napoleons noch davon ausgegangen, in vielem bereits über Reformen von oben das in Gang gesetzt zu haben, was in Frankreich auf revolutionärem Weg verändert wurde, so zeigten die militärischen Niederlagen schonungslos die Rückständigkeit der deutschen Staaten und ihrer Gesellschaften auf. Das galt speziell für Preußen, das nach der katastrophalen Niederlage gegen Napoleon in der Doppelschlacht von Jena und Auerstedt am 14. Oktober 1806 im Frieden von Tilsit 1807 auf nahezu die Hälfte seines Staatsgebiets hatte verzichten müssen und zur Mittelmacht herabgesunken war.

Die existenzielle Bedrohung des preußischen Staates machte nach langem Zögern und weitgehender Passivität des Königs Friedrich Wilhelm III. endlich den Weg frei für umfassende Reformen. Ihre Stoßrichtung war antifranzösisch und antirevolutionär: Sie sollten Preußen gegenüber Frankreich wieder handlungsfähig machen, und sie sollten helfen, ein revolutionäres Aufbegehren im eigenen Land ebenso zu vermeiden wie den angestrebten Wandel ohne die Kosten einer Revolution zu erreichen.

Die Reformen begannen 1807 unter der Leitung des Freiherrn vom Stein mit dem Oktoberedikt über die Bauernbefreiung, dem gut ein Jahr später die Städteordnung folgte, die den Kommunen weitgehende Selbstverwaltungsrechte einräumte. Kurz darauf – im Dezember 1808 war Stein auf Druck Napoleons bereits entlassen worden – setzte sein Rivale Hardenberg eine nach französischem Vorbild stark hierarchisch und bürokratisch akzentuierte Neugestaltung des Regierungs- und Verwaltungssystems durch. Ebenfalls auf ihn ging eine Reihe von Gewerbe-, Steuer- und Zollgesetzen zurück, die die volle Gewerbefreiheit einführten und einen einheitlichen Wirtschaftsraum schufen. Hinzu kamen noch die Bildungsreformen unter Federführung Wilhelm von Humboldts und die Einführung der allgemeinen Wehrpflicht, die vor allem mit den Namen von Scharnhorst und Gneisenau verbunden ist.

Allerdings folgten die Reformen keinem geschlossenen Programm und waren auch keineswegs in sich widerspruchsfrei. Während der Freiherr vom Stein korporativen Leitbildern folgte und besonders die Mitwirkung im Staat stärken wollte, war das Konzept Hardenbergs einerseits bürokratisch-etatistischer und andererseits wirtschaftlich individualistisch-liberaler. Zudem wurden die Reformmaßnahmen aufgrund vielfältiger Widerstände, nicht zuletzt des Adels, in zahlreichen zentralen Fragen verwässert und verformt – hier zeigten sich deutlich die Grenzen des reformerischen Weges im Verhältnis zu einem revolutionären Vorgehen. Und der krönende Abschluss des Reformwerks, die gesamtstaatliche Volksvertretung, die Friedrich Wilhelm III. im Finanzedikt von 1810 zugesagt hatte, blieb aus.

Dieses implizite Verfassungsversprechen wurde vom preußischen König vor allem auf Druck Hardenbergs zwar noch zweimal – 1815 und 1820 – erneuert, aber dennoch bis zur Revolution 1848 nicht umgesetzt.

Anders als in Preußen waren es in den Rheinbundstaaten vor allem die territoriale Neuordnung und partiell auch französischer Druck, die Reformen erzwangen. Ein weitgehend neu geschaffener Staat wie das Großherzogtum Baden, dessen Territorium sich zwischen 1802 und 1810 ungefähr vervierfachte, konnte mittel- und langfristig nur zusammengehalten werden, wenn er binnen kurzer Zeit in ein einheitliches Staatsgebilde transformiert wurde. Deshalb folgte den Integrationsgesetzen von 1803 und 1807/08, die noch um eine behutsame Vereinheitlichung bemüht gewesen waren, 1809 ein Organisationsreskript aus der Feder des neuen leitenden Ministers von Reitzenstein, das zu einer radikalen Verwaltungsreform nach französischem Vorbild schritt und die Städte und Gemeinden in ein streng hierarchisch aufgebautes bürokratisch-zentralistisches System eingliederte. Der massive staatliche Zugriff, der alle älteren Mitsprache- und Selbstverwaltungsformen beseitigte, ohne neue an deren Stelle zu setzen, und der zugleich damit einherging, der Bevölkerung die ungeheuren Lasten der napoleonischen Kriege aufzubürden, traf auf erheblichen Widerstand vor allem in den Städten, zumal auch deren wirtschaftliche Erwartungen und Reformwünsche kaum befriedigt wurden. Denn nach langen Debatten in der Regierung entschloss sich Baden wie auch die meisten anderen Rheinbundstaaten, das französische Zivilgesetzbuch, den Code Napoléon, nur stark modifiziert zu übernehmen und die Agrar- und die Gewerbeverfassung nur partiell zu liberalisieren.

Weitere Reformvarianten waren in den von Frankreich annektierten Gebieten links des Rheins, in denen das revolutionäre französische Recht eingeführt wurde, und in den napoleonischen Satellitenstaaten Großherzogtum Berg und Königreich Westfalen zu verzeichnen, in denen die Franzosen, obwohl sie eigentlich als Modellstaaten konzipiert waren, im Interesse der Herrschaftsstabilisierung vielfältige Kompromisse mit der bestehenden Ordnung eingingen. Schließlich muss auch noch die Habsburgermonarchie erwähnt werden, die ebenso wie einige nord- und mitteldeutsche Staaten weitgehend reformabstinent blieb.

Das wichtigste Ergebnis der Reformen war in fast allen Staaten die Ausbildung moderner Staatlichkeit mit einer klaren Verwaltungsgliederung, einem professionalisierten Beamtentum, einer staatlichen Präsenz bis auf die unterste Ebene und einer strikt verrechtlichten Administration. Hingegen fielen die wirtschaftlichen Strukturreformen regional sehr unterschiedlich aus; doch nirgendwo gingen sie so weit, dass – wie man früher meinte – das moderne Bürgertum erst von der Reformbürokratie geschaffen wurde. Auch das vielfach proklamierte Ziel, einen neuen Gemeinsinn der Bürger zu entfachen, wurde angesichts der unzureichenden Partizipationsangebote nur teilweise erreicht. Inhalt und Form der Reformen wirkten mobilisierend, aber nur bedingt integrierend, so dass letztlich bereits aus der Reformzeit eine verstärkte Spannung zwischen dem monarchisch-bürokratischen Staat und seinen Bürgern resultierte.

Der frühe Nationalismus Die Stein-Hardenberg'schen Reformen sind von der älteren, ganz im Banne des kleindeutsch-preußischen Nationalstaats stehenden Geschichtsschreibung als national motivierte und das künftige Reich vorbereitende Großtaten gefeiert worden. Damit ging die Tendenz einher, die rheinbündischen Reformen als von der französischen Vormacht erzwungene, letztlich undeutsche Maßnahmen abzuwerten oder gar ganz unbeachtet zu lassen. Zugleich wurde das Bild einer bereits in den antinapoleonischen Kriegen sich bildenden, klar konturierten deutschen Nationalbewegung gezeichnet. In Wirklichkeit haben wir, wenn wir nach den Vorkämpfern und Anhängern der nationalen Idee und den Ansätzen einer nationalen Bewegung fragen, ein höchst unübersichtliches Feld mit sehr unterschiedlichen Positionen und Richtungen vor uns.

Die älteste Strömung war eine im weitesten Sinne kulturnationale, die Vorstellung der neuen, nicht mehr ständisch eingebundenen Schicht der Gebildeten, einer «deutschen Gelehrtenrepublik» anzugehören – so die Formulierung von Friedrich Gottlieb Klopstock. Politisch war diese wenig klar und entschieden; sie konnte sich mit einem Reichs- wie mit einem Landespatriotismus verbinden oder auch eher indifferent bleiben.

Ein ganz anderer Akzent kam in die deutsche Nationalbewegung mit den Kriegen gegen Napoleon. Zwar wurden alle nationalen Bestrebungen unter französischer Herrschaft hart verfolgt und die Rheinbundstaaten versuchten nach Kräften, ein auf sie selbst bezogenes partikulares Nationalbewusstsein zu fördern. Dennoch erhielt die deutsche Nationalbewegung unter dem Eindruck von Krieg, Besatzung und Unterdrückung einen deutlichen Schub: Sie verlor an Weltbürgerlichkeit zugunsten eines nationalen Überlegenheitsgefühls, sie erhielt ihre dann für mehr als ein Jahrhundert prägende antifranzösische Ausrichtung, und sie gewann – vor allem in Preußen – an Breitenwirkung. Hunderte von patriotischen Unterstützungsvereinen entstanden, etwa 30000 Freiwillige eilten 1813/14 zu den Waffen.

Trotz dieser Welle nationaler Begeisterung und Mobilmachung war der Befreiungskrieg, der nach Napoleons Niederlage in Russland über den vorentscheidenden Sieg in der «Völkerschlacht» bei Leipzig am 16.–18. Oktober 1813 bis zum Einzug der alliierten Truppen in Paris am 30. März 1814 führte, nicht – wie es die historische Legendenbildung will – das Resultat einer nationalen Erhebung. Dazu war die patriotische Bewegung bis auf die antifranzösische Ausrichtung politisch zu diffus, militärisch zu unbedeutend und im Wesentlichen auf Preußen beschränkt.

Am heikelsten war in dieser Phase die Lage der napoleonischen Verbündeten im Rheinbund, nicht nur weil sich schwer begründen ließ, wofür Zehntausende in Napoleons Heer gefallen waren, wenn die Überlebenden jetzt gegen die Franzosen geführt werden sollten. Mehr noch stand die ganze staatliche Existenz der mittel- und süddeutschen Staaten in Frage, falls das napoleonische Imperium zusammenbrechen würde. Vor allem Bayern verstand es, sich den Umstand, dass es als erster Rheinbundstaat die politische Seite wechselte, im Vertrag von Ried vom 8. Oktober 1813 mit einer Garantie seiner staatlichen

Souveränität und seines Gebietsbestandes bezahlen zu lassen. Andere Staaten folgten kurz darauf, nur Sachsen blieb an Napoleons Seite und musste dafür hart büßen. Trotz der erlangten Zusicherungen war aber nach dem Sieg gegen das napoleonische Frankreich noch in gewissem Maße offen, ob und gegebenenfalls wie die territoriale Revolution der napoleonischen Epoche im Rahmen der nun anstehenden gesamteuropäischen Neuordnung Bestand haben würde.

Der Wiener Kongress Alles das musste auf einem Kongress verhandelt und entschieden werden, auf den sich die Allianz gegen Napoleon schon früh verständigt hatte. Zwar waren viele zentrale Fragen bereits in den Koalitionsabkommen und vor allem im Pariser Frieden vom 30. Mai 1814 geregelt worden. Aber die schwierige Aufgabe, das Zusammenwirken der Großmächte in eine dauerhafte europäische Ordnung zu überführen und ein neues Gleichgewicht der Mächte zu etablieren, war dem zwischen September 1814 und Juni 1815 in Wien tagenden gesamteuropäischen Kongress zugedacht. Aufbauend auf dem gegenseitigen Vertrauen, das bei der Niederringung Napoleons aufgekeimt und in den Kongressverhandlungen gefestigt worden war, etablierten die Großmächte in Wien das System der Pentarchie, einer gesamteuropäischen Gleichgewichtsordnung, in der Großbritannien, Russland, Frankreich, Österreich und Preußen als eine Art Areopag gemeinsam die Verantwortung für die Wahrung des Friedens in Europa übernahmen.

Zu diesem Erfolg trug entscheidend bei, dass in Wien eine wirkliche Restauration, eine Wiederherstellung der vorrevolutionären Verhältnisse, nicht versucht wurde. Zur Leitformel avancierte vielmehr unter Führung des österreichischen Staatskanzlers Metternich der Begriff «Legitimität», mit dem einerseits das monarchische Erbrecht verteidigt, mit dem andererseits jedoch der Ruf der Völker nach einer Legitimierung von Herrschaft über Verfassungen durchaus vereinbar war, oder, so die Historikerin Elisabeth Fehrenbach: «‹Legitimität› bedeutete Abkehr von der Revolution und Anpassung der Kräfte des Wandels an jene der Erhaltung.»

Als Konsequenz daraus wurde Frankreich zwar auf den Gebietsstand von 1792 zurückgeschnitten und die Bourbonenmonarchie wiederhergestellt, aber als gleichrangige, mitspracheberechtigte Großmacht erhalten. Die Verwandten Napoleons verloren ihre Throne und einige der für sie neu geschaffenen Staaten wurden wieder aufgelöst. Aber in den wichtigsten Punkten überdauerte die territoriale Revolution der napoleonischen Ära die Herrschaft ihres Schöpfers.

Für Deutschland bedeutete dies zunächst einmal, dass das untergegangene Heilige Römische Reich deutscher Nation nicht wiederbelebt wurde. Die nicht zuletzt auf Kosten kleinerer Reichsfürsten, der Reichsstädte und kirchlicher Herrschaften geschaffenen Mittelstaaten im Süden Deutschlands wurden nicht wieder aufgelöst, der Flickenteppich des Alten Reiches nicht wiederhergestellt. Österreich wurde – eine Entscheidung von großer Tragweite für die deutsche Geschichte – für seine niederländischen und südwestdeutschen Verluste vor allem in Italien kompensiert. Preußen musste das erst 1805 erworbene Hannover wieder an Großbritannien abgeben, erhielt dafür aber den nördlichen Teil des Königreichs Sachsen und große Gebiete in Westfalen und im Rheinland. Auch diese Bestimmungen, die ein zweigeteiltes Staatsgebiet schufen und Preußen unmittelbar an Frankreich grenzen ließen, beförderten die spätere deutsche Mission der Hohenzollern wesentlich. Im Einzelnen fielen in Wien bis kurz vor Schluss viele territoriale Entscheidungen, die aus jeweils sehr spezifischen Konstellationen resultierten, aber keinem übergeordneten, gar systematischen Konzept folgten.

Zu den Kernproblemen, die in Wien zu lösen waren, zählte die Konstruktion des künftigen staatlichen Daches über Mitteleuropa. Die Vorschläge reichten von einer Wiederherstellung des Alten Reiches über föderale Modelle bis hin zu einem lockeren Bund souveräner Staaten, für den vor allem die Mittelstaaten eintraten. Auf deren Seite trat schließlich auch Metternichs Österreich.

In diesem Sinne konstituierte die Bundesakte vom 8. Juni 1815, die durch die Aufnahme ihrer ersten elf Artikel in die

Wiener Kongressakte eng in die europäische Gesamtordnung eingebunden und von den Großmächten garantiert war, einen unauflöslichen Bund aus 37 monarchisch regierten Staaten und vier freien Städten, wobei Österreich und Preußen nur mit ihren bereits früher zum Reich gehörenden Gebieten dem Bund beitraten. Umgekehrt waren auch ausländische Herrscher über Territorien, die mit ihnen in Personalunion verbunden waren, Mitglieder des Bundes: der König von England für Hannover, der dänische König für Holstein und Lauenburg und der König der Niederlande für Luxemburg.

Aufgabe des Bundes war nach Artikel 2 der Bundesakte die «Erhaltung der äußeren und inneren Sicherheit Deutschlands und der Unabhängigkeit und Unverletzbarkeit der einzelnen deutschen Staaten». Einziges Bundesorgan war die «Bundesversammlung», meist «Bundestag» genannt, mit Sitz in Frankfurt am Main – eine Versammlung von weisungsgebundenen Bevollmächtigten der Mitgliedsstaaten. Das Stimmengewicht war abgestuft, doch konnten Österreich und Preußen selbst mit der Unterstützung der vier anderen Königreiche die Mittel- und Kleinstaaten nicht majorisieren. Nichtsdestotrotz kam beiden Großmächten, wie die Praxis zeigen sollte, der entscheidende Einfluss zu, vor allem dem von Metternich geleiteten Österreich, das den Vorsitz in der Bundesversammlung führte.

Ebenso wichtig war, was nicht in der Bundesakte stand, die Kompetenzen und die Organe, die dem Bund fehlten: eine gemeinsame Gesetzgebung und Verwaltung, Wirtschafts- und Zolleinheit, ein einheitliches Militärwesen, ein Bundesgericht, ein Staatsoberhaupt und nicht zuletzt irgendeine Form von Volksvertretung, von Nationalrepräsentation. Einziges Überbleibsel der schier endlosen Verfassungsdiskussionen, die auch noch in Wien geführt worden waren, war der Artikel 13 der Bundesakte mit der Zusicherung, dass in allen Mitgliedsstaaten «eine Landständische Verfassung statt finden» werde.

Der Deutsche Bund, der in manchen Formen Anklänge an das Alte Reich aufwies, staatsrechtlich aber mehr nach dem Vorbild des Rheinbundes – eben als lockerer Staatenbund – gestaltet war, entsprach gerade deswegen vor allem den Wünschen der Einzelstaaten, ihrem Souveränitätsstreben. Dagegen dominierten in der bürgerlichen Öffentlichkeit, die sich in ihren liberalen und nationalen Erwartungen enttäuscht sah, die kritischen Stimmen, die auch langfristig dazu führten, dass das historische Urteil über den Deutschen Bund höchst negativ ausgefallen ist.

Als große positive Leistung der Neuordnung des Wiener Kongresses ist hingegen immer die rund 50-jährige Friedensepoche herausgestellt worden, die der Deutsche Bund seinen Mitgliedern bis auf wenige kleinere kriegerische Konflikte bescherte. Auch im europäischen Rahmen wirkte der Bund insofern als Stabilitätsfaktor, als von Deutschland in dieser Zeit nur wenig Konfliktpotential ausging und potentielle Ansprüche anderer Mächte an ihm abprallten. Aber diese friedenswahrende Funktion war teuer erkauft mit einer inneren Ordnung, die die politische Entwicklung stillstellen wollte, die keinen Raum für Reform und Veränderung bot und die deshalb nahezu unvermeidlich in die Revolution von 1848/49 und in den deutschen Krieg des Jahres 1866 führte.

Restauration? Schauen wir nun noch einmal genauer auf die tatsächliche Umsetzung der in Wien getroffenen Vereinbarungen: Der Wiener Ordnung war von ihren Schöpfern die Aufgabe zugedacht, die revolutionäre Erschütterung der inneren und äußeren Verhältnisse in Europa dauerhaft zu beenden. Doch bereits unmittelbar nach dem endgültigen Sieg über Napoleon begannen im neuen Deutschen Bund die Auseinandersetzungen um die Auslegung und die praktische Umsetzung der in Wien getroffenen Vereinbarungen. Im Mittelpunkt stand dabei das «Verfassungsversprechen» des Artikels 13 der Bundesakte.

Als Erste ergriffen die süddeutschen Regierungen die Initiative, getrieben von der Sorge, Preußen und Österreich könnten sich über verfassungspolitische Vorgaben des Bundes in die inneren Angelegenheiten der Mittelstaaten einmischen und deren eben erst gewonnene Souveränität untergraben. Zugleich waren sie bestrebt, die bisher fast ausschließlich bürokratisch-administrative Integration der unterschiedlichen Landesteile, aus denen sie hervorgegangen waren, um eine parlamentarisch-repräsentative Komponente zu ergänzen. Dabei galt es auch, die Revisionsansprüche der Mediatisierten abzuwehren und diese über eine ständisch gegliederte Erste Kammer in den Staat einzubinden. Nicht zuletzt spielten die nach den napoleonischen Kriegen völlig zerrütteten Staatsfinanzen eine Rolle, waren doch die dringend benötigten Kredite auf den neuen Kapitalmärkten nur zu erhalten, wenn sie durch eine konstitutionelle Ordnung abgesichert waren.

Parallel regten sich aber auch Ansätze einer Verfassungsbewegung von unten, die aus eigenem Antrieb darauf drängte, die teilweise in den Gemeinden geschaffenen Formen der politischen Mitsprache auf die gesamtstaatliche Ebene zu übertragen. Am stärksten war diese Bewegung im Königreich Württemberg und im Großherzogtum Hessen-Darmstadt, wo die Verfassungen von 1819 beziehungsweise 1821 auf eine förmliche Vereinbarung zwischen Monarch und Ständen zurückgingen. In einer ersten Welle erhielten zwischen 1814 und 1824 immerhin 29 der 41 Staaten des Deutschen Bundes eine geschriebene Verfassung. Darunter waren allerdings entsprechend der Unbestimmtheit des Artikels 13 auch zahlreiche alte und neue altständische Konstitutionen. Moderne Verfassungen mit gewählten Volksvertretungen und Grundrechten wurden vor allem in den süddeutschen Mittelstaaten realisiert.

Das Inkrafttreten der Verfassungen und die ersten Wahlen zu den Volksvertretungen wurden von der Bevölkerung überall mit hohen Erwartungen begleitet. Dabei ging es sowohl um weiter reichende politische Reformen als auch um eine Fülle von konkreten wirtschaftlichen und sozialen Problemen, wie sich in den zahllosen Anträgen zeigte, mit denen die ersten Volksvertreter ihre Regierungen konfrontierten. Deren Bereitschaft, sich auf eine enge Kooperation einzulassen, war allerdings höchst begrenzt, wollten sie doch ihre politischen Ziele, wie es in einem bayerischen Konstitutionsentwurf hieß, mit den Verfassungen erreichen, «ohne die Staatsverwaltung in ihren notwendigen Handlungen nach den Bedürfnissen der Zeit zu hemmen».

Den willkommenen Anlass, der allgemeinen Aufbruchsstimmung entgegenzutreten, boten die Aktivitäten der in den Burschenschaften organisierten Studenten. Schon das Wartburgfest, mit dem 500 vornehmlich Jenaer Studenten am 18. Oktober 1817 an den 300. Jahrestag der Reformation und den vierten Jahrestag der Leipziger Völkerschlacht erinnern wollten, hatte in einigen Staaten zum Verbot der Burschenschaften geführt. Erst recht aber sah der österreichische Staatskanzler Metternich nach der Ermordung des Schriftstellers August von Kotzebue durch den radikalen Studenten Karl Ludwig Sand am 23. März 1819 in Mannheim die Chance für ein energisches Einschreiten gekommen. Mit den auf eine Konferenz in Karlsbad zurückgehenden Beschlüssen des Bundestages vom 20. September 1819 wurden die Universitäten einer strengen Überwachung unterworfen, für alle Druckwerke mit weniger als 320 Seiten Umfang wurde die Vorzensur eingeführt und in Mainz eine zentrale Untersuchungsbehörde zur Verfolgung revolutionärer Umtriebe geschaffen.

Und mit der Wiener Schlussakte vom 15. Mai 1820, mit der viele in der Bundesakte nur vage geregelte Fragen genauer festgelegt wurden, wurden auch die Verfassungsstreitigkeiten in Metternichs Sinne entschieden. Fortan hatte das monarchische Prinzip zu gelten, nach dem «die gesamte Staatsgewalt in dem Oberhaupte des Staats vereinigt» zu bleiben hatte; es dürfe durch die Mitwirkung einer Volksvertretung nicht substantiell ausgehöhlt werden.

Mit der reaktionären Wende von 1819/20 wurden auch die Verfassungspläne in Preußen und in der Habsburgermonarchie auf Eis gelegt. Und der Deutsche Bund war jetzt definitiv dazu bestimmt, nicht als Instrument zur allgemeinen Wohlfahrt und nationalen Entwicklung, sondern ausschließlich als Repressionsinstrument zu dienen.

Dennoch kann für das nachfolgende Jahrzehnt nicht von einer durchgreifenden Restauration, wie nach dem Titel eines Buches des Schweizer Staatsdenkers Karl Ludwig Haller oft die Epochenbezeichnung lautet, gesprochen werden. Zwar wurde die Politik des Deutschen Bundes ganz durch das «System Metternich» bestimmt, das eindeutig polizeistaatliche Züge trug und sich auf die Unterdrückung der liberalen und nationalen Bewegung konzentrierte. Aber die Einzelstaaten zeigten ein wesentlich differenzierteres Bild: Selbst in den wiederhergestellten Staaten und erst recht in den süddeutschen Verfassungsstaaten gab es keine Rückkehr zu den Verhältnissen der vorrevolutionären Zeit. Gewiss, weitere politische Reformen blieben aus, und die Regierungen versuchten vielfach, die gewährten Mitspracherechte in der politischen Praxis auszuhöhlen. In der Folge erlahmten die «Kammerkämpfe» und sahen sich die liberalen Kräfte, auch in der Beamtenschaft, in einer eher defensiven Position. Doch bot sich für die liberale Opposition immer wieder – wie etwa in der breiten Sympathie- und Unterstützungswelle, die der Freiheitskampf der Griechen gegen die osmanische Herrschaft Mitte der 1820er Jahre auslöste – die eine oder andere Gelegenheit, die Öffentlichkeit in ihrem Sinne zu mobilisieren und zugleich ihre organisatorischen Kompetenzen weiterzuentwickeln.

3. Die neue bürgerliche Gesellschaft

Unter der Oberfläche einer scheinbaren politischen Stagnation schritten zudem die Auflösung der überkommenen ständischen Sozialordnung und die Ausbildung neuer gesellschaftlicher Strukturen kontinuierlich fort.

Schrittmacher der Entwicklung waren – wie schon zuvor – die Städte und ihre Bürger. Auch wenn die Unterschiede von Region zu Region und zwischen den verschiedenen Stadttypen erheblich waren, war doch insgesamt ein wirtschaftlicher Aufschwung der Städte unübersehbar. Besonders profitierten die Hauptstädte der großen und mittleren Staaten, die Gewerbestädte in den frühindustrialisierten Regionen wie dem Rheinland und in Sachsen und die Handelszentren. Denn schon vor dem Durchbruch der industriellen Revolution in den 1840er Jahren eröffnete die Verkehrs- und Handelsrevolution außergewöhnliche wirtschaftliche Chancen. Was in der napoleonischen Epoche noch von vielen schwer kalkulierbaren Wechselfällen, von Branchenkonjunkturen, staatlichen Eingriffen wie der Kontinentalsperre und auch Kriegsglück, abhängig gewesen war, stellte sich ab etwa 1830 als ein breiter, gut planierter Weg zum ökonomischen Erfolg dar: Die Aufhebung von Stapelrechten und Binnenzöllen, der Chausseeausbau und der Dampfschiffverkehr, dann seit 1834 der Zollverein und schließlich die Eisenbahn – sprich: die Verbindung von wirtschaftspolitischer Liberalisierung und technischer Innovation – brachten eine bislang unbekannte Dynamik in die Entwicklung des Handels und handelsnaher Produktionsformen und in die Finanzwirtschaft. Wer als Kaufmann bereit und in der Lage war, flexibel und mobil auf den sich abzeichnenden Wandel zu reagieren und Risiken einzugehen, dem stand häufig eine glänzende Zukunft offen. Neben den alteingesessenen Kaufmannsfamilien, die ihr Vermögen in den 1830er und 1840er Jahren oft vervielfachen konnten, bot sich auch zahlreichen Neueinsteigern, darunter überdurchschnittlich vielen Juden, die Chance, mit einem Handels- oder Bankgeschäft erfolgreich zu sein.

An Zahl und Bedeutung nahm auch die Gruppe jener Bürger zu, die Aufstieg und gesellschaftliche Position ihrer akademischen Bildung verdankten. Erst retrospektiv wurde um 1900 für sie der Begriff «Bildungsbürgertum» geprägt. Diese Gebildeten waren ursprünglich, selbst wenn sie nicht formell Staatsdiener waren, eng an den Staat gebunden, zählten jedenfalls nicht zum stadtbürgerlichen Rechtskreis. Besonders expandierten seit den 1830er und 1840er Jahren die akademischen Berufe, die wie Ärzte, Rechtsanwälte, Architekten oder auch Ingenieure ihr hoch spezialisiertes und nach wie vor staatlich zertifiziertes Wissen in einer sich differenzierenden Erwerbsgesellschaft frei am Markt anbieten konnten. Sie rückten damit lebensweltlich und bald auch politisch näher an die wirtschaftsbürgerliche Führungsschicht in den Städten heran und erhielten jetzt meist das städtische Bürgerrecht. Doch auch unter denen, die als Verwaltungsbeamte, Richter oder Professoren Staatsdiener blieben, gab es mindestens eine große Minderheit, die sich den Zielen der bürgerlich-liberalen Bewegung eng verbunden fühlte. Vielfach kamen nun aus den Reihen der Bildungsbürger die Sprecher, die die Städte und ihre Bürger nach außen, etwa in den einzelstaatlichen Parlamenten, politisch repräsentierten. Zu nennen sind neben den politisch engagierten Professoren wie Karl von Rotteck und Friedrich Christoph Dahlmann, die im Vormärz geradezu einen eigenständigen Typus bildeten, insbesondere Richter, Anwälte und Journalisten.

Diese Entwicklungen schienen zu bestätigen, dass sich auf der Grundlage individueller Freiheit, rechtlicher Gleichheit und persönlicher Leistung eine neue bürgerliche Gesellschaft bilde, in der der Anteil geistig unabhängiger und materiell selbständiger Bürger immer mehr zunehmen und die sich nach und nach auf einem mittleren Niveau angleichen werde. Diese gewissermaßen «klassenlose Bürgergesellschaft» (Lothar Gall) werde sich dann auch – befreit von staatlichen Reglementierungen und Eingriffen – harmonisch entwickeln und daher fähig sein, sich selbst zu regieren.

Gestützt wurden diese Erwartungen durch die großen Fortschritte bei der Ausbildung neuer gesellschaftlicher Strukturen, die auf dem Prinzip der Assoziation, auf dem freiwilligen Zusammenwirken der bürgerlichen Individuen, beruhten. Schon von den ersten Aufklärungs- und Lesegesellschaften an war dieses Zusammenwirken als ein Überwinden der ständischen Schranken konzipiert. Seither hatten die Vereine ihre integrierende Kraft in immer neuen Schritten unter Beweis gestellt: In den um 1800 entstehenden allgemeinen geselligen Vereinen hatte sich erstmals die gesamte Führungsschicht einer Stadt zusammengefunden, Adelige, Offiziere, Beamte, Bildungs- und Wirtschaftsbürger, und das über die bis dahin zäh verteidigten Konfessionsgrenzen hinweg. Als dann seit den 1820er Jahren die ersten Musik-, Kunst-, Geschichts- und Naturkundevereine entstanden, reichte deren Mitgliedschaft bereits bis in das mittlere Bürgertum hinein. Und seit Mitte der 1830er Jahre wirkten in den Bürger- und Gewerbevereinen auch zahlreiche Handwerksmeister und in den Turn- und Gesangvereinen sogar Gesellen mit.

Integrierend wirkten vor allem ein in langen Diskursen als bürgerlich definierter Wertehorizont und eine gemeinsame kulturelle Praxis. Die Werteaneignung erfolgte auf vielen Wegen, individuell wie auch kollektiv, in Schule und Universität ebenso wie im Theater und bei der Lektüre; auch war der Kanon der Werte höchst differenziert und der ständigen Diskussion unterworfen. Nur wenige Leitbilder wie die Wertschätzung von Arbeit und Leistung oder das Ideal der Selbständigkeit bildeten den unumstrittenen Kern. Noch wichtiger als die einzelnen Werte war das Prinzip, der Anspruch des Bürgers, sich selbst zu bilden und ein wertorientiertes Leben zu führen.

Die Vereine trugen wiederum gleich in mehrfacher Weise zu dieser bürgerlichen Kultur bei: Sie sammelten diejenigen, die sich den neuen Leitbildern verschrieben hatten, ermöglichten in einer neuen Form von Öffentlichkeit die gemeinsame Aneignung von Werten und machten die neuen Werte in der sozialen Praxis erfahrbar. Und sie schufen zentrale Institutionen der bürgerlichen Kultur, indem sie als Träger von Bibliotheken, Orchestern und Chören auftraten, Konzerte und Kunstausstellungen veranstalteten, Schulen gründeten und die Erwachsenenbildung organisierten. Damit stärkten sie zugleich das bürgerliche Selbstbewusstsein, die Überzeugung von der schier unerschöpflichen Kraft der bürgerlichen Individuen und ihrer Fähigkeit, gemeinsam, ohne Fürst und Staat, nahezu alle Probleme bewältigen zu können.

Allerdings wies das bürgerliche Integrationskonzept eine Reihe von teils systematischen, teils zeitbedingten Schwächen und Widersprüchen auf. Vor allem Frauen wurden nicht gleichberechtigt in die sich bildende bürgerliche Gesellschaft einbezogen. Ihre Rolle und ihr Handlungsspielraum wurden vielmehr durch ein zunehmend polarisiertes Verständnis der Geschlechtercharaktere bestimmt und beschränkt. Dem nach außen handelnden, für den Erwerb zuständigen und auch politisch vollberechtigten Mann stand die durch emotionale und ästhetische Kompetenz charakterisierte Frau gegenüber, deren Wirkungsraum auf den geschützten Binnenbereich der Familie und des Hauses begrenzt sein sollte. Allerdings konnte und wollte die bürgerliche Öffentlichkeit auf Frauen weder bei Festen und Vergnügungen verzichten noch auf jenen Tätigkeitsfeldern im künstlerisch-musischen und im karitativen Bereich, in denen die spezifisch weiblichen Fähigkeiten besonders gefordert waren. Hier ergaben sich auch immer wieder Spielräume für ein eigenständigeres Handeln von Frauen, an denen der Kampf für erweiterte Rechte ansetzen konnte.

Außerordentlich schwer tat sich das vormärzliche Bürgertum auch mit der Integration der jüdischen Minderheit. Gerade die stark verzögerte, nur in kleinen Schritten vorankommende Aufnahme von Juden in die Vereine spiegelte nicht nur den schwierigen Weg zur jüdischen Gleichberechtigung, sondern offenbarte die tiefsitzenden Vorurteile und Vorbehalte gegen Juden – speziell auch in traditionsreichen Bürgerstädten mit einer starken jüdischen Minderheit wie Frankfurt am Main und Hamburg. Selbst nachdem in den 1830er und 1840er Jahren einige vermögende und gebildete Juden in die wichtigsten Assoziationen aufgenommen worden waren, blieben für viele andere trotz der rapide voranschreitenden Verbürgerlichung der jüdischen Minderheit die Türen verschlossen. Diese fortdauernde Diskriminierung trug entscheidend dazu bei, dass sich eine jüdische Parallelwelt ausbildete, in der es für die wichtigsten Vereinszwecke rein jüdische Assoziationen gab.

Als am schwerwiegendsten erwies sich jedoch, dass die bürgerlichen Zukunftserwartungen schon bald durch gegenläufige, desintegrierende gesellschaftliche Entwicklungen in den Städten konterkariert wurden. In eine tiefgreifende ökonomische und soziale Krise geriet in der ersten Hälfte des 19. Jahrhunderts nämlich mit dem Handwerk jener Teil der städtischen Bevölkerung, der nach überkommenen Maßstäben zum Kern des Bürgertums zählte. Für diese krisenhafte Entwicklung war die jeweilige Gewerbeverfassung «eigentümlich belanglos» (Wolfram Fischer). Preußen – seit den Hardenberg'schen Edikten von 1810/11 der Vorreiter der Gewerbefreiheit – wurde von ihr ebenso erfasst wie zum Beispiel die süddeutschen Staaten, in denen trotz einzelner Liberalisierungsschritte noch bis in die 1860er Jahre eine gebundene Gewerbeverfassung bestand. Überall nahm die Zahl der Handwerker erheblich schneller zu als die ohnehin kräftig wachsende Gesamtbevölkerung: So stieg in Preußen zwischen 1816 und 1846 die Zahl der Handwerksmeister um 77 Prozent bei einem gleichzeitigen Bevölkerungswachstum von etwas mehr als 50 Prozent und die Zahl der Gesellen und Lehrlinge sogar um 165 Prozent.

Diesen Zuwächsen standen in den meisten Handwerkszweigen keine angemessenen Beschäftigungsmöglichkeiten gegenüber. Nur wenige Gewerbe wie das Nahrungsmittelhandwerk, das für einen wachsenden lokalen Bedarf produzieren konnte, und das Bauhandwerk, das von dem allgemeinen Aufschwung der Städte profitierte, prosperierten. Andere – wie die metallverarbeitenden Berufe – hatten bereits mit industrieller Konkurrenz zu kämpfen. Und die Massenhandwerke der Schneider, Schuhmacher und Tischler sahen sich vor allem durch das expandierende Verlagssystem bedroht, in dem die Waren auf Rechnung eines Verlegers und nach dessen Vorgaben in Heimarbeit produziert und dann über neue Vertriebsformen wie die in den größeren Städten entstehenden Kleider- und Möbelmagazine abgesetzt wurden.

Zwar gelang es Handwerkern in zahlreichen Fällen durch technisches und kaufmännisches Geschick, sich neue Märkte zu erschließen oder schrittweise zu industrieller Produktion überzugehen, aber die breite Masse der handarbeitenden Gewerbe befand sich in einer existenzbedrohenden Strukturkrise. Ein immer größerer Anteil der Meister musste in kleinsten Verhältnissen ohne Gehilfen wirtschaften und führte ein dürftiges Leben am Rande des Existenzminimums. Und für die stark gestiegene Zahl der Gesellen fehlte nun meist die Aussicht, Meister zu werden, beziehungsweise es gab sie fast nur in jenen Gewerbezweigen, in denen die Meisterexistenz ebenfalls kein Auskommen mehr bot.

Nicht nur materiell schwanden die Unterschiede zwischen Meistern und Gesellen, sondern auch die überkommenen Lebensformen des alten Handwerks erodierten immer mehr. Teils verschwamm die Differenz zwischen selbständiger und abhängiger Arbeit, etwa wenn Meister und Gesellen in Heimarbeit unabhängig voneinander direkt für einen Verleger produzierten. Teils wurden Gesellen – besonders im Bauhandwerk – wie freie Lohnarbeiter beschäftigt. Und immer häufiger überschritten Handwerker auch die Grenze zu anderen Formen abhängiger Arbeit, indem sie sich in Fabriken, beim Eisenbahnbau oder als Tagelöhner verdingten. Damit aber war das bürgerliche Selbstverständnis der Handwerksmeister wie der Gesellen insgesamt in Frage gestellt.

Nicht minder bedrohlich war die sich verschärfende Tendenz zur Proletarisierung der städtischen Unterschicht. In der vormodernen Stadt war allein der männliche Haushaltsvorstand im Besitz der vollen Rechte gewesen; er vertrat das bürgerliche Haus nach außen und beherrschte es nach innen. Seiner Verfügungsgewalt unterstanden die eigenen Familienmitglieder und die im Hause lebenden Dienstboten, Gesellen und Lehrlinge. Diese waren damit einer starken Kontrolle unterworfen, aber auch – in wenngleich begrenztem Maße – rechtlich geschützt und sozial abgesichert. Diesem Ideal einer Gesellschaft der Hausväter hatten zwar die realen Lebensverhältnisse in den Städten nie ganz entsprochen, doch erst in den 1830er und 1840er Jahren fiel ein rasch wachsender Teil der Stadtbevölkerung aus den traditionalen Bindungen heraus. Viele Gesellen und teilweise auch Lehrlinge wohnten nicht mehr im Haus des Meisters, die Zahl der dauerhaft beschäftigten Dienstboten begann zumindest zu stagnieren. Erst recht aber wuchs die Zahl der Arbeiter in den Fabriken, beim Eisenbahnbau und bei anderen großen Bauprojekten, die Zahl der Tagelöhner und Gelegenheitsarbeiter, auch der langfristig Erwerbslosen, Bettler und «Lumpenproletarier». Der Prozentsatz der städtischen Unterschichten, der nicht mehr zum bürgerlichen Haus gehörte, aber auch nicht über einen eigenen Rechtsstatus verfügte, stieg damit dramatisch an.

Am weitesten fortgeschritten war die Proletarisierung in den Städten mit großer Zuwanderung, etwa in den frühindustriellen Zentren und in den großen Metropolen Berlin und Wien. So hatte sich die Bevölkerung der preußischen Hauptstadt vom Jahrhundertbeginn bis 1848 auf deutlich über 400 000 Einwohner mehr als verdoppelt. Dramatisch angewachsen waren vor allem die weitgehend rechtlosen und von elementarer sozialer Not bedrohten unteren Schichten, die jetzt bereits rund 80 Prozent der städtischen Bevölkerung stellten. Hingegen waren nur noch fünf Prozent zum höheren und etwa 13–14 Prozent zum mittleren Bürgertum zu rechnen. Zwar war die Mehrzahl der deutschen Städte bis zur Jahrhundertmitte noch nicht in vergleichbarer Dramatik von den Krisenerscheinungen erfasst, aber in Ansätzen kündigten sich auch hier ähnliche Entwicklungen an. Immer deutlicher trat hervor, dass der gesellschaftliche Wandel nicht in die von den bürgerlichen Wortführern vorgezeichnete Richtung verlief. Die Zahl der selbständigen Existenzen mit einem gesicherten wirtschaftlichen Auskommen nahm offenkundig keineswegs zu, sondern ab. Und an die Stelle eines wachsenden Mittelstandes trat eine sich immer weiter öffnende Kluft zwischen einer schmalen bürgerlichen Oberschicht und der breiten Masse der städtischen Bevölkerung. Damit aber war das Integrationsversprechen des Leitbildes «bürgerliche Gesellschaft» nicht nur gegenüber den unterbürgerlichen Schichten in Frage gestellt, sondern auch gegenüber einem erheblichen, nun verarmenden Teil des Stadtbürgertums selbst.

Daraus zog – in der Nachfolge des Philosophen Georg Wilhelm Friedrich Hegel, der bereits das harmonische Gesellschaftsbild der Liberalen fundamental in Frage gestellt hatte – vor allem Karl Marx die Konsequenz, dass die gesellschaftliche Entwicklung auf eine Aufspaltung in nur noch zwei große feindliche Lager hinauslaufe, die Klassen der Bourgeoisie und des Proletariats. Diese Klassengesellschaft könne dann nur durch die Herrschaft des Proletariats überwunden und letztlich in einer neuen Form von klassenloser Gesellschaft aufgehoben werden – die Anklänge an die bürgerliche Sozialutopie sind unverkennbar.

Parallel zur Verschärfung der sozialen Spannungen in den Städten machte sich auch auf dem Lande, auf dem zwischen 1800 und 1850 immer noch mehr als drei Viertel der Bevölkerung lebten, die zunehmende Auflösung der ständischen Ordnung bemerkbar. Der allgemeine Rahmen wurde vor allem von der «Bauernbefreiung» bestimmt, die in der Zeit der preußischen und rheinbündischen Reformen einen großen Schritt vorangekommen, aber alles andere als abgeschlossen war. Überall ging es nach der Aufhebung der Leibeigenschaft und Erbuntertänigkeit darum, das bislang durch feudales Recht gebundene Land in frei verfügbares, privates Eigentum umzuwandeln. Dazu mussten die in Form von Abgaben und Diensten auf dem Land liegenden Lasten durch Entschädigung der Guts- oder Grundherren abgelöst werden. In Preußen schrieb die Ablösungs-Ordnung von 1821 dafür einen Ausgleich in Höhe des 25-fachen Jahresbetrages der Abgaben und Dienste vor. Die konkrete Umsetzung dieser Regelungen verzögerte sich jedoch aufgrund des Widerstandes der adeligen Grundbesitzer und der Komplexität der Verhältnisse. Zudem waren viele Bauern nicht in der Lage, die Ablösezahlungen aufzubringen, und mussten als Entschädigung Teile ihres Landes abtreten. So waren die Agrarreformen bis zur Revolution 1848/49 noch keineswegs vollendet, sondern bildeten – in allerdings regional sehr unterschiedlichem Maße – ein Konfliktpotential mit großer Sprengkraft.

Als führender Stand der traditionalen Ordnung war der Adel durch den gesellschaftlichen Wandel in besonderem Maße betroffen. Herrschaftsrechte gingen zu Beginn des Jahrhunderts durch die territoriale Revolution ebenso verloren wie durch die Reformgesetze. Die Säkularisation der Kirchengüter beraubte den Adel der Versorgungsmöglichkeiten für seine nachgeborenen Kinder. Die Kriege und die nachfolgende Agrardepression zehrten an seinen ökonomischen Grundlagen. Die zunehmende Kommerzialisierung der Landwirtschaft zwang zu einer wirtschaftlichen Neuorientierung. Mit anderen Worten: Der Adel befand sich in der schwersten Krise seiner Geschichte.

Vor diesem Hintergrund ist es erstaunlich, in welchem Maße es den meisten Adelsfamilien gelang, sich ökonomisch zu stabilisieren und eine führende gesellschaftliche Stellung zu behaupten. Der grundbesitzende Adel – immer noch die wichtigste Teilgruppe – profitierte von der guten Agrarkonjunktur seit den 1830er Jahren und passte seine Betriebe, teilweise mit den infolge der Reformgesetze fließenden Ablösezahlungen, den modernen Anforderungen an. Gerade auch die ostelbischen Junker, deren Gutsherrschaft rechtlich durch die Reformen aufgehoben worden war, entwickelten sich vielfach zu erfolgreichen Agrarunternehmern. Positiv wirkte sich auch aus, dass viele Staaten im Interesse der politischen Stabilität eine förmliche Adelsrestauration betrieben: Zahlreiche Positionen im Offizierkorps und in der Beamtenschaft wurden wieder verstärkt mit Adeligen besetzt. Und selbst politisch gewannen die Adeligen als Standesherren, als Grundbesitzer und als Beamte über die Ersten Kammern der Parlamente erneut an Einfluss.

Noch schwieriger als schon für den Adel ist es angesichts der fast unüberschaubaren Vielfalt der Verhältnisse, für die übrige Landbevölkerung mit wenigen Strichen ein halbwegs zutreffendes Bild ihrer Lage und Entwicklung zu zeichnen. Neben Regionen, in denen sich große und mittlere selbständige bäuerliche Existenzen gut zu behaupten wussten, stehen solche, in denen sogar mittlere Betriebe aufgrund der Agrargesetzgebung durch Landabtretungen und Ablösezahlungen substantiell geschwächt wurden. Und daneben gab es wiederum noch die Realteilungsgebiete vor allem im Süden Deutschlands, in denen wegen der gleichmäßigen Vererbung des Bodens an alle erbberechtigten Kinder Klein- und Kleinstbetriebe vorherrschten. Deren ohnehin schwierige ökonomische Existenz wurde durch die Agrarreformen nun vollends gefährdet. Von hier waren die Übergänge zu den unterbäuerlichen Schichten fließend, die sich im Zuge des Bevölkerungswachstums ohnehin kräftig vermehrten, die aber noch bis zur Jahrhundertmitte nur zu kleineren Teilen in die Städte abwandern konnten. Große Teile dieser ländlichen Unterschichten fielen zudem aus den traditionalen Bindungen und Absicherungen der ständischen Gesellschaft heraus und mussten nun auf einem freien, hart umkämpften Markt Arbeit und ein Auskommen suchen. Je nach Region ergab sich daraus in den Dörfern eine scharfe Spannung zwischen wenigen wohlsituierten Bauern und einer vielköpfigen extrem armen Unterschicht oder eine allgemeine Not, bei der die Unterschiede zwischen bäuerlicher und unterbäuerlicher Bevölkerung nur gering waren.

Sowohl auf dem Lande als auch in der Stadt steuerte die soziale Entwicklung also in den 1830er und 1840er Jahren auf eine tiefgreifende Krise zu. Die offenkundige soziale Not, in die ein erheblicher Teil der Bevölkerung geraten war, beschäftigte die Zeitgenossen intensiv. Dabei wurde besonders heftig diskutiert, ob der «Pauperismus», wie die aus dem Englischen entlehnte Bezeichnung lautete, nun eher ein Überhang aus der alten ständischen Ordnung sei oder durch die neuen marktwirtschaftlichen Verhältnisse und die Konkurrenz der Industrie verursacht werde. Entsprechend kontrovers fielen die Lösungsvorschläge aus. Letztlich waren aber weder die staatlichen Maßnahmen noch die bürgerlichen Initiativen auch nur ansatzweise in der Lage, die sozialen Probleme zu lösen.

Seit Mitte der 1840er Jahre wurden die langfristigen Krisenerscheinungen zudem durch kurzfristige Krisensymptome überlagert und verstärkt. Besonders die Lage der ohnehin am Rande des Existenzminimums lebenden Bevölkerungsgruppen verschlechterte sich nun dramatisch. 1845 und 1846 gingen die Ernten, teils witterungsbedingt, teils durch Schädlinge, auf etwa 50–60 Prozent der normalen Menge zurück. Noch einmal erlebte Deutschland eine Wirtschafts- und Versorgungskrise vorindustrieller Art, verursacht durch die Wechselfälle der Natur, während die späteren Krisen stets konjunkturell, also durch das zyklische Auf und Ab der industriellen Erzeugung, bedingt waren. Jedenfalls stiegen die Preise für Lebensmittel in den Jahren 1845 bis 1847 in extremem Maße, auf das Zwei- bis Dreifache, an. In der Folge staute sich ein Protestpotential an, das wesentlich verantwortlich für den Ausbruch der Revolution von 1848/49 war.

4. Vormärz und Revolution

Die Julirevolution und ihre Nachwirkungen Obwohl auch die 1820er Jahre nicht frei von Revolutionen vor allem im Mittelmeerraum gewesen waren, gingen erst von der französischen Erhebung gegen die restaurierte Bourbonenherrschaft im Juli 1830 – binnen weniger Tage war Karl X. gestürzt und eine neue liberal orientierte Monarchie mit dem «Bürgerkönig» Louis Philippe an der Spitze geschaffen worden – wieder Impulse aus, die große Teile des europäischen Kontinents in revolutionäre

Unruhe versetzten. Die Belgier spalteten sich von den Niederlanden ab und begründeten eine eigene konstitutionelle Monarchie, die Polen erhoben sich gegen die russische Herrschaft, die Italiener gegen die Habsburger.

Auch in Deutschland kam es ab Ende August 1830 in zahlreichen Städten und in einigen ländlichen Regionen zu Unruhen, gegen die immer wieder auch Militär eingesetzt wurde. Meist waren sie zunächst von den Unterschichten, von Handwerksgesellen, von Fabrikarbeitern und Tagelöhnern, von der verarmten Landbevölkerung, getragen und sozial motiviert. Vor allem in einigen nord- und mitteldeutschen Staaten, deren Monarchen bislang Reformen verweigert und auch keine Verfassungen gewährt hatten, nutzte die liberale Opposition den Sozialprotest erfolgreich für ihre politischen Zielsetzungen. Zwischen 1831 und 1833 erhielten – in einer zweiten Welle der Konstitutionalisierung – das Herzogtum Braunschweig, das Kurfürstentum Hessen sowie die Königreiche Sachsen und Hannover moderne Repräsentativverfassungen, die teilweise sogar noch liberaler ausfielen als die süddeutschen Konstitutionen.

Dagegen konnte die politische und soziale Unruhe in den süddeutschen Staaten im Rahmen des bestehenden konstitutionellen Systems aufgefangen werden. So berief in Baden der junge Großherzog Leopold, der erst im März 1830 den Thron bestiegen hatte, seinen als reformwillig geltenden Berater Georg Ludwig Winter zum leitenden Minister und ordnete auch Neuwahlen an, aus denen eine breite liberale Mehrheit hervorging. Angeregt durch eine Fülle von Reformgesetzen, unter denen als wichtigste die neue Gemeindeordnung, das Bürgerrechts- und das Pressegesetz genannt werden müssen, intensivierte sich das politische Leben signifikant: Die weitgehende Aufhebung der Pressezensur und das Aufblühen einer freien Presse, die im Frühsommer 1832 beginnenden kommunalen Wahlen, auch die Welle der Solidarität, die der Durchzug polnischer Freiheitskämpfer im Herbst 1831 auslöste, führten zu einer bisher nicht gekannten politischen Mobilisierung der badischen Bevölkerung.

Parallel hierzu hatte allerdings spätestens Ende 1831 bereits wieder eine scharfe Gegenbewegung eingesetzt, die vor allem von Österreich und Preußen, den beiden durch die Julirevolution kaum erschütterten Großmächten, getragen wurde. Am 28. Juni 1832 bekräftigte der Bundestag in «Sechs Artikeln» seine seit 1819 praktizierte Repressionspolitik und präzisierte die Mitwirkungspflicht der Einzelstaaten. Eine Woche später folgten die «Zehn Artikel», mit denen alle politischen Vereine und alle nationalen Symbole ebenso wie jede Form von politischen Reden in der Öffentlichkeit verboten wurden. Ferner wurde die Pressezensur verschärft, der badische Großherzog zur Aufhebung des liberalen Pressegesetzes gezwungen.

Die Repressionsmaßnahmen waren nicht zuletzt eine Antwort auf das Hambacher Fest vom 27. Mai 1832, der mit 20–30 000 Teilnehmern bei weitem größten politischen Kundgebung des Vormärz. Organisiert hatte das Fest der «Deutsche Preß- und Vaterlandsverein», der Ende Januar 1832 in der zu Bayern gehörenden linksrheinischen Pfalz als Antwort auf den konservativen Kurswechsel der Regierung in München gegründet worden war und der weit über die Pfalz hinaus mit über 100 Zweigvereinen und circa 5000 Mitgliedern eine breite Resonanz gefunden hatte. Trotz eines bereits im März ergangenen Verbots durch den Bundestag gelang es dem Verein, im Untergrund weiterzuarbeiten und den Zug zur Hambacher Schlossruine zu organisieren. Viele der aus der Region selbst kommenden Teilnehmer waren durch soziale Probleme mobilisiert worden, aber der dominierende und wirkungsvollste Eindruck, den das Hambacher Fest gerade auch bei den Regierungen hinterließ, war – dafür sorgte allein schon das Meer an schwarz-rot-goldenen Fahnen – der einer machtvollen Demonstration für nationale Einheit und Freiheit. Einen späten Nachhall fand das Hambacher Fest dann noch am 3. April 1833 in Frankfurt am Main, also gewissermaßen in der deutschen Hauptstadt, als eine kleine und – wie sich zeigte – völlig isolierte Gruppe radikaler Studenten versuchte, mit einem dilettantisch vorbereiteten Sturm auf die Wachen einen allgemeinen Umsturz auszulösen. Die Antwort Metternichs bestand auch hier in einer weiteren Verschärfung der Verfolgungsmaßnahmen.

Das Scheitern der Repressionspolitik Allerdings zeigte sich bald, obwohl jetzt nach und nach – oberflächlich betrachtet – in vielen deutschen Staaten wieder größere politische Ruhe einkehrte, dass anders als in den 1820er Jahren von einer erfolgreichen Bekämpfung oder gar Unterdrückung der liberalen Opposition keine Rede mehr sein konnte.

Dies hing zum einen damit zusammen, dass die Opposition das in den wichtigsten Ansätzen bereits vorhandene Instrumentarium zur politischen Kommunikation und Mobilisierung immer intensiver und virtuoser zu handhaben wusste. In den vordergründig unpolitischen Formen des sich weiter entfaltenden Vereinswesens, in den Geselligkeits-, Musik-, Kunst- und Gewerbeassoziationen, dann auch in den Gesang- und Turnvereinen, kamen die politisch und gesellschaftlich führenden Bürger häufig zusammen und bestärkten sich in ihren Grundorientierungen und ihrem Selbstbewusstsein. In der Form des Festbanketts wurden de facto vielköpfige politische Versammlungen abgehalten. Nationale Geistesheroen wie Gutenberg, Goethe oder Schiller wurden durch Denkmäler geehrt und deren Einweihungsfeste als politische Demonstrationen inszeniert. Trotz der scharfen Zensur und zahlreicher Zeitungsverbote leistete die Presse einen wachsenden Beitrag zum öffentlichen Diskurs auch in politischen Fragen. Die Stadtverwaltungen und Stadtverordnetenversammlungen waren jetzt oft fest in der Hand der Liberalen. Vor allem aber eigneten sich die einzelstaatlichen Parlamente in hervorragender Weise, sich politisch abzustimmen und ein landesweites Kommunikationsnetz, eine Frühform von liberaler Parteiorganisation, aufzubauen.

Zum anderen erwiesen sich viele der Repressionsmaßnahmen, die die Regierungen ergriffen, letztlich als kontraproduktiv, da die Opposition aus den Konflikten nicht geschwächt, sondern gestärkt hervorging, wie sich am Fall der Göttinger Sieben zeigen lässt. Im Königreich Hannover hatte am 11. November 1837 der eben erst auf den Thron gelangte Monarch Ernst August I. die vier Jahre zuvor von seinem Bruder gewährte Verfassung mit der Begründung aufgehoben, sie sei nicht rechtmäßig zustande gekommen. Dagegen hatten sieben Professoren der

Göttinger Universität, darunter der Historiker und Staatswissenschaftler Friedrich Christoph Dahlmann und die Gebrüder Grimm, schriftlichen Protest eingelegt. Alle sieben wurden daraufhin aus dem Universitätsdienst entlassen, drei von ihnen sogar des Landes verwiesen.

Bemerkenswert ist nicht nur der ungeheure Proteststurm, der sich daraufhin überall in Deutschland in der liberal gestimmten Öffentlichkeit gegen das Vorgehen des hannoverschen Königs erhob. Vielmehr bildeten sich – von Leipzig ausgehend – national agierende Unterstützungsvereine, die den sieben Entlassenen für die Zeit bis zu ihrer Wiederanstellung, die nach einigen Jahren in anderen Bundesstaaten erfolgte, ihr Professorengehalt weiterzahlten. Auch hier bot sich also für die liberale Opposition neben der Möglichkeit, das Thema propagandistisch auszuschlachten, zugleich die Chance zum Ausbau und zur Festigung ihrer Kommunikations- und Organisationsstrukturen.

Nation und nationale Bewegung Überhaupt gewann die nationale Handlungsebene im Laufe der 1830er Jahre an Bedeutung. Die liberale Opposition reagierte damit auf den politischen Stillstand in den Einzelstaaten und die repressive Rolle des Deutschen Bundes. Ihre verfassungspolitischen Forderungen nach Freiheit, Rechtssicherheit und politischer Mitsprache ließen sich – so die nun immer weiter um sich greifende Schlussfolgerung – nur in einem deutschen Nationalstaat erfüllen.

Gestützt wurde diese Schwerpunktverlagerung durch die Fortschritte der organisierten Nationalbewegung. Vor allem die Vereine der Sänger und Turner entwickelten sich in den 1840er Jahren zu einer sozial breiten Massenbewegung mit fast 200 000 Mitgliedern. Ihre zunächst regionalen, dann auch nationalen Feste stärkten zusammen mit zahlreichen lokalen und überlokalen Initiativen für nationale Denkmäler und den nationalen Kongressen der Germanisten und der Naturforscher die Einheit der deutschen Kulturnation und förderten eine liberal gestimmte nationale Öffentlichkeit.

Neue nationale Themen kamen hinzu. Nachdem schon die Gründung des Deutschen Zollvereins 1834 die Perspektive eines nationalen Wirtschaftsraumes eröffnet hatte, wurden in den 1840er Jahren mit den Fortschritten in Industrie und Verkehr wie auch mit den wirtschaftlichen Krisenerscheinungen der künftigen Nation mehr und mehr ökonomische Aufgaben wie der zollpolitische Schutz der heimischen Gewerbe und die tatkräftige Vertretung der deutschen Wirtschaftsinteressen gegenüber dem Ausland zugeschrieben. Aber auch weiter ausgreifende außen- und machtpolitische Argumente für einen Nationalstaat gewannen an Gewicht: schlagartig 1840 durch die Rheinkrise, in der von französischer und deutscher Seite ein heftiger Propagandakrieg um den Rhein als Grenze geführt wurde, allmählich, aber langfristig wirksam durch den Konflikt um die Herzogtümer Schleswig und Holstein, die in Personalunion mit Dänemark verbunden waren und sich seit Ende der 1830er Jahre verstärkt Integrationsansprüchen der dänischen und der deutschen Nationalbewegung ausgesetzt sahen. Die Nation wurde daher in den deutschen Diskursen jetzt mehr und mehr als ein außenpolitisch handlungsfähiger Machtstaat imaginiert, der auch über die notwendigen Mittel wie eine Flotte verfügen müsse, um die eigenen Interessen durchzusetzen. Begleitet waren diese Debatten zunehmend von nationalaggressiven Tönen und einer scharfen Abgrenzung der deutschen Nation gegenüber den Nachbarvölkern.

Erstmals klang nun an, dass die Nation – bislang Inbegriff einer liberalen Staatsordnung – sich offenkundig auch aus anderen Gründen anstreben ließ. Nationale Einheit, wirtschaftliche Potenz und äußere Stärke des nationalen Staates wurden zu Zielen an sich, die auch erstrebenswert waren, wenn die konstitutionelle Liberalisierung – zunächst jedenfalls – ausblieb. Einheit und Freiheit traten damit auseinander. Bezeichnenderweise begannen nun die Debatten in den Reihen der liberalen Opposition, was denn im Konfliktfall den Vorrang haben solle: die Einheit oder die Freiheit? Zugleich schien hier auf, wo Versuche von konservativer Seite ansetzen konnten, die Nation für andere als liberale Ziele zu instrumentalisieren. Aber das steckte noch ganz in den Anfängen.

Schließlich stellte sich immer drängender die Frage, in welchen Konstellationen und auf welchen Wegen denn ein deutscher Nationalstaat geschaffen werden könne. Angesichts der Unbeweglichkeit des Deutschen Bundes unter österreichischer Führung richteten sich die Erwartungen von Teilen der Nationalbewegung auf Preußen, das aufgrund seiner Reformen und seiner Führungsrolle im Zollverein als die dynamischere Macht erschien. König Friedrich Wilhelm IV., der 1840 den preußischen Thron bestiegen hatte, trug mit seinem volksnahen Politikstil, mit einer vorübergehenden Mäßigung der politischen Repression und einigen symbolträchtigen Sympathiebekundungen für Heroen der nationalen Bewegung wie Ernst Moritz Arndt, Friedrich Ludwig Jahn und die Gebrüder Grimm dazu bei. Auch unter Friedrich Wilhelm IV. blieb allerdings das Haupthindernis für eine weiter gehende Annäherung zwischen Preußen und der nationalen Bewegung, die seit der Reformzeit schwelende Verfassungsfrage, bestehen, so dass umgekehrt das nationale Lager noch nicht zu einer Entscheidung zwischen großdeutschen Idealen und kleindeutscher Realpolitik gezwungen war.

Am Vorabend einer Revolution? Nicht nur in der nationalen Frage wurden die politischen Debatten in den 1840er Jahren komplexer und komplizierter. Der beschleunigte wirtschaftliche und soziale Wandel wie auch die kommunikativen und organisatorischen Fortschritte der oppositionellen Bewegung führten zu intensiveren politischen Diskussionen, in denen sich unterschiedliche Denkrichtungen und Weltanschauungen immer deutlicher abzeichneten. Weder die Zensur noch Versammlungsverbote konnten diese forcierte Politisierung nachhaltig bremsen. Doch trug in Preußen das Fehlen eines gesamtstaatlichen Parlaments dazu bei, dass hier die kritische Intelligenz über die Publizistik und die Universitäten einen hohen Einfluss auf die Debatten gewann, diese besonders theorielastig geführt wurden und sich das politische Spektrum stark differenzierte. Hingegen blieb in den Verfassungsstaaten, die der liberalen Bewegung größere Handlungsspielräume gewährten und sie zu größerem Praxisbezug zwangen, die oppositionelle Front im politischen Handeln stärker gewahrt und eng an die soziale Basis in den Städten und Gemeinden rückgebunden.

Neben den verschiedenen Schattierungen der liberalen Bewegung traten in den 1840er Jahren vermehrt auch konservative Stimmen in den Wettstreit um die öffentliche Meinung ein. Auch eine eigenständige katholische Richtung meldete sich – vor allem in Preußen, aber auch in Bayern – in Reaktion auf eine Reihe von Konflikten zwischen Staat und katholischer Kirche erstmals zu Wort. Im Rückblick lassen sich in den zentralen Positionen, die in diesen politischen Debatten vertreten wurden, unschwer die fünf Hauptgruppierungen des späteren deutschen Parteiensystems ausmachen: Konservative, Katholiken, Liberale, radikale Demokraten und Sozialisten. Aber sie führten zunächst noch nicht zur Formierung politischer Parteien. Zu dominierend blieb noch die Frontstellung gegenüber dem monarchisch-bürokratischen Obrigkeitsstaat, der Kampf der Kräfte der Bewegung gegen die Kräfte der Beharrung.

Erst unter dem Eindruck der sich ab Mitte der 1840er Jahre rapide verschärfenden wirtschaftlichen und sozialen Krise und der nun immer häufigeren kollektiven sozialen Proteste begannen sich erste Risse in der oppositionellen Einheitsfront abzuzeichnen. Am bekanntesten wurde der Aufstand der schlesischen Weber im Juni 1844. Ihr teilweise gewaltsames Aufbegehren gegen die soziale Not, die der Preisverfall für Baumwollwaren und der ökonomische Druck der Verleger, für die sie arbeiteten, ausgelöst hatten, wurde zwar schnell durch den Einsatz von Militär niedergeschlagen, aber die Resonanz in der deutschen Öffentlichkeit war gewaltig. Der eigentliche Höhepunkt der Proteste, vor allem in Form von Hungerunruhen in vielen Städten, wurde jedoch erst im Frühjahr 1847 erreicht. Während die sozialen Unruhen allerdings im Laufe des Jahres – nicht zuletzt aufgrund einer sehr guten Ernte im Sommer 1847 – bereits wieder abebbten, spitzte sich die politische Lage weiter zu.

Die Märzrevolution Dennoch kam die elementare Kraft, mit der sich seit Ende Februar 1848 die revolutionäre Erhebung in den deutschen Staaten ausbreitete, für die meisten Zeitgenossen überraschend. Kaum waren die ersten Nachrichten aus Paris über den Sturz des «Bürgerkönigs» Louis Philippe und die Ausrufung der Republik in Frankreich eingetroffen, fanden schon politische Versammlungen und Kundgebungen statt: die früheste, in ihrem Forderungskatalog dann beispielgebende am 27. Februar in Mannheim. Überall dominierte der Eindruck, mitten in einer revolutionären Veränderung und am Beginn einer neuen Epoche zu stehen. Plötzlich ging es nicht mehr um einzelne Reformversprechen der Monarchen, sondern um einen fundamentalen Systemwechsel. Vor allem das schnelle Überspringen des revolutionären Funkens von Stadt zu Stadt und über Grenzen hinweg stärkte die Überzeugung, Teil eines gemeinsamen Aufbruchs der europäischen Nationen, eines allgemeinen Völkerfrühlings, zu sein.

Der bisherigen Opposition gegen den monarchisch-bürokratischen Obrigkeitsstaat kam das ausgefeilte Instrumentarium zugute, das sie in den 1830er und 1840er Jahren entwickelt hatte: Versammlungen wurden einberufen, Petitionen mit den liberalen Kernforderungen formuliert und den Parlamenten übergeben, Massenzüge in die jeweilige Hauptstadt organisiert, die Monarchen gedrängt, prominente liberale Politiker in ihr Kabinett aufzunehmen. Nahezu zeitgleich wurde der Schritt auf die nationale Ebene gegangen. Hier vor allem galt es aus der Sicht der Opposition, das Heft in die Hand zu bekommen. Gegen den reaktionären Deutschen Bund warf man die Autorität gewählter Abgeordneter, der «wahren Volksmänner», in die Waagschale. 51 prominente Oppositionelle, von Heinrich von Gagern über Friedrich Römer und Friedrich Daniel Bassermann bis hin zu Friedrich Hecker, trafen am 5. März in Heidelberg zusammen. Ihr Beschluss, ein «Vorparlament» nach Frankfurt am Main einzuberufen, das dann die Wahl einer verfassunggebenden Nationalversammlung vorbereiten sollte, zeichnete den Weg zu einem deutschen Nationalstaat vor. Dies war ein zutiefst revolutionärer Akt, der sich auf keine juristische Legitimation im Rahmen des alten Systems berufen konnte.

Doch darin ging die Revolution nicht auf. Von Anfang an steckten in den Massenprotesten überschießende Energien.

Diese elementare Revolution war nicht nur im Rahmen der alten Ordnung nicht mehr beherrschbar. Sie ließ sich auch nicht ausschließlich für die politischen Ziele der bisherigen Opposition instrumentalisieren. Neben den städtischen Protesten, die besonders von Handwerksmeistern und -gesellen, Tagelöhnern, Arbeitern und anderen Angehörigen der städtischen Unterschicht getragen wurden, kam es auch auf dem Land zu spontanen Revolten. Vor allem in den Regionen, wo die Agrarreformen immer noch nicht abgeschlossen waren und sich die Bauern durch nach wie vor bestehende Abgaben und adelige Vorrechte belastet und unterdrückt fühlten, äußerte sich der Unmut der Landbevölkerung in offenen Gewaltakten gegen Grundherren und staatliche Amtsträger.

Im Angesicht des allgemeinen Aufruhrs und der breiten Empörung agierten die Monarchen und deren Regierungen seltsam unentschlossen. Fast überall schreckten sie vor dem Einsatz militärischer Gewalt zurück. Selbst dort, wo es, wie am 13. März in Wien und am 18./19. März in Berlin, doch zu Straßen- und Barrikadenkämpfen zwischen Aufständischen und Militär kam, lenkten die Verantwortlichen aufgrund des vehementen Widerstandes breiter Bevölkerungskreise schnell wieder ein. Die Monarchen lagen Ende März, wie sich der preußische König Friedrich Wilhelm IV. rückblickend ausdrückte, «auf dem Bauch». Aber sie blieben Monarchen. Anders als in Frankreich machte die Bewegung in Deutschland vor den Thronen Halt. Dass ihr vorläufiger Sieg so schnell und mühelos, nahezu ohne Gewalt, errungen worden war, hatte zudem zur Folge, dass der staatliche Machtapparat, Bürokratie und Militär, im Kern nicht erschüttert wurde. Für den weiteren Fortgang der Revolution war das von entscheidender Bedeutung. Doch trat es zunächst ganz in den Hintergrund gegenüber dem Pathos des Neubeginns und der Siegesgewissheit, die 1848 wie in wohl jeder vorerst erfolgreichen Revolution überwogen.

Zwischen Reform und Radikalisierung Zwei Hauptrichtungen mit divergierenden politischen Konzepten standen sich auf Seiten der Revolutionäre gegenüber. Als Revolutionäre wider Willen suchten die Liberalen – aus Sorge vor einer Radikalisierung der Revolution und aus realpolitischen Erwägungen – den Konsens mit der etablierten Ordnung. Die monarchische Spitze des Staates sollte um jeden Preis erhalten bleiben, weil nur sie eine dauerhafte Gewähr gegen sozialrevolutionäre Umwälzungen zu bieten schien. Ebenso hielten die Liberalen die Zeit für ein allgemeines Wahlrecht noch nicht für gekommen. Erst nach und nach sollten die unteren Schichten durch den Erwerb von Besitz und Bildung zu vollberechtigten Staatsbürgern aufrücken. Auf der anderen Seite wollten auch die Liberalen den grundlegenden politischen Umbruch herbeiführen, auch nach ihrem Willen sollten künftig das Volk und seine parlamentarischen Vertreter die entscheidende politische Stimme führen.

Das Ziel der Demokraten war dagegen die soziale Republik oder zumindest eine politische Ordnung, die unter einem weitgehend entmachteten Monarchen für einen kontinuierlichen Wandel offen sein sollte. Vollzogen werden sollten die erstrebten politischen und sozialen Reformen über parlamentarische Mehrheitsbeschlüsse, an denen – über das allgemeine Wahlrecht – auch die klein- und unterbürgerlichen Gruppen von Anfang an beteiligt sein sollten. Von diesen Grundpositionen her befanden sich die Demokraten in einer offensiven Rolle, in der Rolle desjenigen, der über das bereits in den ersten Revolutionswochen Erreichte hinausdrängte. Über die zu beschreitenden Wege gingen jedoch die Auffassungen im demokratischen Spektrum auseinander. Der weit überwiegende gemäßigte Teil mit Robert Blum an der Spitze war bereit, sich parlamentarischen Mehrheiten zu unterwerfen und auch in einer Minderheitsrolle konstruktiv an der Gestaltung der neuen politischen Ordnung mitzuarbeiten. Eine kleine radikale Gruppe um Friedrich Hecker und Gustav Struve hingegen schritt, nachdem sie im Vorparlament deutlich unterlegen war, zum bewaffneten Aufstand im südlichen Baden, der allerdings rasch niedergeschlagen werden konnte.

Ebenso wie im Vorparlament verfügten die Liberalen auch in der gewählten Nationalversammlung, die am 18. Mai 1848 in der Frankfurter Paulskirche erstmals zusammentrat, über eine

Mehrheit. Dennoch suchten sie, um sich nicht zu sehr in die Arme der alten Gewalten zu begeben, den Schulterschluss mit den gemäßigten Demokraten. Zu den ersten Handlungen der Nationalversammlung zählte, sich die alleinige Entscheidung über die künftige politische Ordnung vorzubehalten und eine provisorische Zentralgewalt mit einem «Reichsverweser», dem österreichischen Erzherzog Johann, an der Spitze einzusetzen. Die Monarchen wagten nicht, sich diesem alleinigen Machtanspruch der Nationalversammlung zu widersetzen; der Bundestag übergab förmlich seine Kompetenzen an den Reichsverweser und erklärte seine Tätigkeit für beendet.

Doch führten weder das geradezu klägliche Scheitern des republikanischen Aufstands noch die Institutionalisierung der Revolution zu einer dauerhaften Beruhigung der Lage. Spontane Protestaktionen und gewaltsame Übergriffe blieben an der Tagesordnung. Das war zum einen eine Folge der anhaltenden wirtschaftlichen Krise, für die jetzt zunehmend nicht die alte Ordnung, sondern die Paulskirche verantwortlich gemacht wurde. Zum Zweiten blieb die Neigung der radikaleren Kräfte hoch, für ihre politischen Ziele die Straße gegen die liberale Mehrheit zu mobilisieren. Zum Dritten aber – und das war wohl am wichtigsten – führten die neuen Freiheiten zu einer geradezu explosionsartigen Entfaltung aller politischen und sozialen Aktivitäten. Zeitungen und Zeitschriften schossen in großer Zahl aus dem Boden, überall wurden politische Meinungen per Maueranschlägen, Flugblättern, Broschüren, Bilderbogen und Karikaturen verbreitet. Alle politischen Kräfte, selbst die Konservativen, versuchten sich in parteiähnlichen Vereinen zu organisieren. Die verschiedensten Interessengruppen – von den Handwerksmeistern und -gesellen über die Anhänger des Schutzzolls und des Freihandels bis hin zu den Katholiken – schlossen sich fester zusammen und organisierten öffentlichkeitswirksame Kampagnen und Kongresse. Sprich: Es entfaltete sich ein hochmodernes Meinungs- und Interessenspektrum, dessen Vielfalt und Widersprüchlichkeit eine ungeheure Herausforderung für die neue politische Ordnung darstellte, die die Nationalversammlung zu entwerfen und zu errichten versuchte.

Nation und Revolution Die stärkste dynamisierende Kraft ging aber 1848/49 zweifellos von der nationalen Idee aus. Wie fast überall in Europa zählte auch und gerade im staatlich zersplitterten, nur lose durch einen Staatenbund zusammengefassten Mitteleuropa die Begründung eines Nationalstaates zu den zentralen politischen Zielen, die in nahezu allen politischen Lagern akzeptiert wurden. Auf die Nation richteten sich nicht nur die Erwartungen der Bürger von Besitz und Bildung, sondern großer Teile der Bevölkerung. Die Nation war geradezu die Projektion aller Veränderungswünsche, die sich in den langen Jahrzehnten politischer Stagnation und Unterdrückung angestaut hatten. Das Freiheits- und das Partizipationsversprechen, das mit der nationalen Idee unauflöslich verknüpft war, war auch für breite Bevölkerungskreise alles andere als abstrakt. Es wurde jeweils sehr konkret in die eigene Lebenswelt übersetzt, auch mit Hoffnungen auf eine greifbare Besserung der persönlichen wirtschaftlichen und sozialen Situation verbunden. Mit einer wahren Flut von Petitionen an die Frankfurter Nationalversammlung – 25–30000 mit etwa 2,5–3 Millionen Unterschriften – bekundete ein großer Teil der Bevölkerung sein unmittelbares Interesse an der Nationsbildung.

In welchem Maße sich diese Erwartungen an die Nation politisch mobilisieren ließen, zeigte sich in der Schleswig-Holstein-Frage. Der deutsch-dänische Krieg löste eine breite Solidaritätswelle aus. Freiwilligenregimenter wurden gebildet, Gelder für den Aufbau einer deutschen Flotte gesammelt. Die Flotte wurde – lange vor Wilhelm II. – zum zentralen Symbol der nationalen Wiedergeburt Deutschlands. In dieser Agitation steckten freilich zugleich ungeheure Gefahren. Denn die führenden Repräsentanten der liberalen und demokratischen Bewegung verfügten über kein schlüssiges Konzept dafür, wie sich der künftige deutsche Nationalstaat in das europäische Umfeld einfügen sollte. Im Überschwang der nationalen Gefühle und aus einer vermeintlichen Position der Stärke heraus versagte die Mehrheit nicht nur den nationalen Minderheiten im bisherigen Deutschen Bund das Selbstbestimmungsrecht, sondern versuchte auch, die deutschsprachige Bevölkerung außerhalb der

Bundesgrenzen in den neuen Staat einzubeziehen. Großmachtdenken und Expansionsstreben mussten, auch wenn sich die Frankfurter Nationalversammlung letztlich realistisch zeigte und auf eine kleindeutsche Lösung verständigte, die wohl von den anderen europäischen Mächten akzeptiert worden wäre, tiefes Misstrauen wecken und Widerstände hervorrufen.

Und im Inneren führte die Enttäuschung der hochgepuschten nationalen Erwartungen nach der umstrittenen Annahme des Waffenstillstands von Malmö im September 1848 bekanntermaßen sogar zu einem Aufstand gegen die Nationalversammlung. Von den tiefgehenden Spannungen im revolutionären Lager profitierte die Gegenrevolution, die es mit Erfolg verstand, die nach wie vor starken Loyalitäten, die sich auf die einzelstaatlichen Monarchien, auf Preußen, auf das Habsburgerreich, auch auf Bayern, richteten, gegen die nationale Revolution zu mobilisieren und – insbesondere in der Habsburgermonarchie – die verschiedenen Nationalitäten gegeneinander auszuspielen. Tschechen, Slowaken, Kroaten und Slowenen waren eben nicht gewillt, sich als Minderheiten in einen deutschen und einen ungarischen Nationalstaat einzugliedern, sondern sahen ihre Zukunft dann doch eher in einem Fortbestehen des habsburgischen Vielvölkerstaates. So war die nationale Idee zwar 1848/49 einerseits die zentrale Triebkraft der Revolution, aber andererseits erwiesen sich die Probleme, die das Nationalitätsprinzip in Deutschland und Europa aufwarf, für die Revolutionäre als unlösbar.

Die Reichsverfassung Revolutionen vollenden sich in einer Verfassung. Auch in diesem Glauben stand die Bewegung von 1848/49 ganz in der Tradition der großen Revolutionen des ausgehenden 18. Jahrhunderts. Dies galt erst recht seit dem Herbst 1848, als das Wiedererstarken der Monarchen die Revolutionäre zwang, alles auf diese eine Karte zu setzen. Als besonders schwierig erwies sich die Gestaltung der staatlichen Institutionen und der Machtverteilung zwischen ihnen, da hier der Grundkonflikt über die Staatsform und die politischen Mitbestimmungsrechte durch die nationale Frage überlagert und kompliziert wurde. Denn nach der erfolgreichen Gegenrevolution verlangte die neue österreichische Regierung unter Ministerpräsident Fürst Schwarzenberg ultimativ die Erhaltung der Habsburgermonarchie. Dies vertrug sich jedoch weder mit den nationalen noch den konstitutionellen Zielen der Paulskirche. Beide politischen Lager, Liberale wie Demokraten, spalteten sich daher im November und Dezember in einen großdeutschen Teil, der nach wie vor die Zugehörigkeit Österreichs für unverzichtbar hielt, und die Kleindeutschen, die – teils aus Überzeugung, teils mangels geeigneter Alternativen – dafür plädierten, den neuen Nationalstaat ohne Österreich mit einem preußischen Kaiser an der Spitze zu bilden.

Dennoch konnte die Nationalversammlung nach langem Ringen am 27. März 1849 die Reichsverfassung mit knapper Mehrheit verabschieden und am folgenden Tag Friedrich Wilhelm IV. zum deutschen Kaiser wählen. Es gelang nur, weil sich die Abgeordneten auf den Grundbestand an gemeinsamen Überzeugungen besannen und sich ganz auf die Kompromissfindung konzentrierten. Im Ergebnis fiel die Verfassung daher unitarischer und demokratischer aus, als nach den ursprünglichen Mehrheitsverhältnissen zu erwarten gewesen war. Die Liberalen mussten die konstitutionelle Monarchie unter preußischer Führung mit kräftigen Zugeständnissen an die gemäßigte Linke, insbesondere mit dem allgemeinen Männerwahlrecht, erkaufen.

Die Chancen der Paulskirche, ihr Modell eines liberal-konstitutionellen, parlamentarisch-demokratischen, kleindeutschen Nationalstaates zu verwirklichen, standen zu diesem Zeitpunkt längst nicht mehr zum Besten. Die Aussichten, den preußischen König als Oberhaupt des neuen Nationalstaates zu gewinnen, waren durch die Kompromisse, auf die sich die Liberalen mit der gemäßigten Linken in der Paulskirche verständigt hatten, stark gesunken. Andererseits waren die Reihen der Revolutionäre jetzt – im Gegensatz zum Herbst 1848 – wieder geschlossener. Eine breite Welle der Unterstützung brandete durch Deutschland. Immerhin 28 von 39 deutschen Einzelstaaten stellten sich am 14. April 1849 in einer gemeinsamen Note auf die Seite der Paulskirche. Für kurze Zeit sah es so aus, als werde die Nationalversammlung den Kampf aufnehmen und sich an die Spitze der Bewegung stellen. Am 4. Mai forderte die Paulskirche alle staatlichen Institutionen und «das gesamte deutsche Volk» auf, die Verfassung zur Geltung zu bringen, und schrieb demonstrativ für den 15. Juli Parlamentswahlen aus.

Inzwischen hatte sich das Blatt aber bereits gewendet. Am 28. April hatte die preußische Regierung der Zentralgewalt formell die Ablehnung der Kaiserwürde übermittelt. Zugleich begann in den Verweigererstaaten der offene Kampf gegen die Reichsverfassung. Zu gewaltsamem Widerstand dagegen war die Mehrheit der Bürger jedoch nicht bereit. Nur eine radikale Minderheit focht die Reichsverfassungskampagne gegen die preußischen Truppen, die jetzt überall zum Einsatz kamen, bis zu ihrem bitteren Ende durch. So endete die Revolution schließlich wie in vielen anderen europäischen Ländern auch in Deutschland durch den Einsatz brutaler Gewalt, mit Hunderten von Toten und zahlreichen Hinrichtungen.

Erfolg und Scheitern der Revolution Die erste deutsche Revolution war gescheitert. Und doch ist unübersehbar, dass das Rad der Geschichte 1849 nicht auf die Zeit vor der Revolution zurückgedreht wurde. Preußen war in der Revolution zum Verfassungsstaat geworden und blieb es. Die Agrarreformen waren endlich zum Abschluss gebracht worden. Überhaupt trat ein Reformstau, wie er für die vorrevolutionäre Epoche charakteristisch gewesen war, nach 1849 nicht mehr ein. Aber der grundlegende Umbruch, der Systemwechsel, den die Revolutionäre, von den gemäßigten Liberalen bis zu den radikalen Demokraten, erstrebt hatten, war 1848/49 ausgeblieben.

II. Das industrielle Zeitalter (1840–1880)

Das 19. Jahrhundert war das Zeitalter der Industrialisierung. Noch stärker als die anderen fundamentalen Veränderungen hebt der Übergang von der vorindustriellen Handarbeit zur mechanisierten, fabrikmäßigen, arbeitsteiligen und kapitalintensiven Produktion das 19. Jahrhundert von den vorausgegangenen Epochen ab und verbindet es mit den nachfolgenden und unserer Gegenwart.

Obwohl die Anfänge der Industrialisierung in einigen Regionen und Branchen bereits um 1810 einsetzten und obwohl sich die Industrialisierung im letzten Drittel des Jahrhunderts, in der «Hochindustrialisierung», in forciertem Tempo fortsetzte, lässt sich der eigentliche Durchbruch der industriellen Produktionsweise in Mitteleuropa auf die Jahrzehnte zwischen 1840 und 1880 datieren. Unterstützt durch eine lang anhaltende Aufschwungsphase vollzog sich in schnellen Schüben ein geradezu revolutionärer Umbruch, der weit über den ökonomischen Strukturwandel hinaus die deutsche Gesellschaft von Grund auf veränderte, indem er alle sozialen Schichten der neuen industriell-kapitalistischen Marktwirtschaft und einer korrespondierenden liberalen Rechtsordnung unterwarf. Im deutschen Fall kam aber noch hinzu, dass sich zeitlich parallel hierzu die nationale Idee als Ordnungsprinzip in der mitteleuropäischen Staatenwelt durchsetzte und die Gründung eines kleindeutschen Nationalstaats unter preußischer Führung vollzogen wurde.

Erst diese Zusammenschau von industrieller Revolution, beschleunigtem gesellschaftlichen Wandel und tiefgreifendem politischen Umbruch macht das ganze Ausmaß der Veränderung und des Aufbruchs deutlich, das die Jahrzehnte von 1840 bis 1880 als eine eigenständige und in mehrfachem Sinne zentrale Epoche des 19. Jahrhunderts heraushebt.

1. Industrie und Marktwirtschaft

Am Anfang war die Eisenbahn. So kann man mit einigem Recht eine Darstellung der deutschen Industrialisierung beginnen. Denn trotz protoindustrieller Vorläufer, die bis ins 18. Jahrhundert zurückreichten, und erster industrieller Ansätze seit Anfang des 19. Jahrhunderts setzte der eigentliche Durchbruch der modernen Industriewirtschaft in Mitteleuropa erst mit dem Eisenbahnbau, also in den 1840er Jahren, ein. Zugleich wird damit die Schlüsselrolle hervorgehoben, die der Eisenbahn für den industriellen Durchbruch zukam. Und es wird, da es sich bei der Eisenbahn um eine nicht in Deutschland, sondern in England entwickelte Technologie handelte, unterstrichen, dass im deutschen Fall «eine abgeleitete, keine autochthone Entwicklung» (Knut Borchardt) die Industrialisierung bestimmte.

Was änderte sich nun in den 1840er Jahren? Oberflächlich betrachtet wenig, wenn man bedenkt, dass 1846/47 nochmals eine klassische Agrarkrise mit extremer sozialer Not Deutschland heimsuchte und dass ab 1845 ständig neue Rekorde bei den Auswanderungszahlen verzeichnet wurden. Auf der anderen Seite war der Wachstumsschub Mitte der 1840er Jahre so groß, dass ab 1847 erstmals eine konjunkturelle Krise modernen Zuschnitts zu beobachten war, die dann 1848 durch die revolutionäre Unruhe noch weiter verschärft wurde. Diesem Rückschlag folgten, vor allem 1854 bis 1856 unter dem Einfluss des Krimkriegs, an dem die deutschen Staaten nicht beteiligt waren, von dessen Nachfragesog sie aber profitierten, absolute Boomjahre, die an Aufschwungsdynamik alles Bisherige in den Schatten stellten und die bis in die 1890er Jahre nicht mehr übertroffen wurden. Der Boom endete 1857 in einer ersten Weltwirtschaftskrise, einem alle industrialisierten Länder erfassenden Wachstumseinbruch.

Dieser schweren Krise schloss sich in den 1860er Jahren ein lang anhaltender Aufschwung an, in dem sich der Ausbau der Industriewirtschaft in hohem Tempo fortsetzte. Die konjunkturelle Entwicklung verlief gemäßigter und stetiger als zuvor, weil zunächst die vorhandenen Überkapazitäten ausgefüllt werden mussten und weil der amerikanische Bürgerkrieg und die Kriege von 1864 und 1866 eher wachstumsdämpfend wirkten. Nach 1866 setzte sich der Aufschwung im sogenannten Gründerboom beschleunigt fort, um dann nach einer kurzen Stockung durch den deutsch-französischen Krieg 1870/71 in eine überhitzte Endphase überzugehen. Die nationale Einigung, liberale Wirtschaftsreformen, die Ausweitung des Kapitalmarkts durch die französischen Kriegskontributionen und alles in allem ein schier überbordender Fortschrittsoptimismus führten zu einem nochmaligen Investitions- und Wachstumsschub, der von fieberhaften Finanzspekulationen begleitet war. Ausgehend von einer Börsenkrise in Wien im Mai 1873 und verstärkt durch weltweite Krisenerscheinungen brach der Gründerboom dann im Herbst 1873 endgültig zusammen.

Mit der Gründerkrise ging die wirtschaftliche Entwicklung für fast zwei Jahrzehnte in ein langsameres Tempo über, das sich mit einer realen Wachstumsrate von 2 Prozent deutlich von der vorhergehenden Phase abhob, für das aber die lange Zeit gängige Bezeichnung «Große Depression» nicht angebracht ist. Mit der Gründerkrise endete auch die Durchbruchsphase der industriellen Revolution in Deutschland.

Schon der Verlauf der Wirtschaftsentwicklung, die hohen Wachstumsraten wie auch die zyklischen konjunkturellen Aufs und Abs, die an die Stelle von naturbedingten und politisch, vor allem durch Kriege induzierten Krisen getreten waren, zeigt mithin den tiefgreifenden strukturellen Wandel an, der die deutsche Wirtschaft in der Zeit zwischen Mitte der 1840er und Mitte der 1870er Jahre erfasst hatte. Er wird bestätigt durch die Verschiebungen zwischen den Wirtschaftssektoren, also zwischen Landwirtschaft, Industrie und Handwerk sowie dem tertiären Sektor aus Handel und Verkehr. Zwar wuchsen alle drei Sektoren in absoluten Zahlen, d. h., der Wirtschaftsaufschwung kam durchaus auch der Landwirtschaft zugute, aber relativ verschoben sich die Gewichte, vor allem zwischen primärem und sekundärem Sektor. So sank die Landwirtschaft 1871 erstmals unter einen Anteil von 50 Prozent an der gesamtwirtschaftlichen Wertschöpfung.

Als weiteres zentrales Merkmal der deutschen Industrialisierung ist, wie gesagt, die Führungsrolle der Eisenbahn hervorzuheben. Schon die erste Phase der Industrialisierung in England war durch einen Führungssektor bestimmt worden, der andere Industriezweige mit sich zog: die Textilindustrie, deren Bedarf an Dampfmaschinen, an Spinnmaschinen, an mechanischen Webstühlen oder auch an Nadeln der Metallverarbeitung und dem Maschinenbau entscheidende Impulse gab und dort schon im späten 18. Jahrhundert den «Take-off» auslöste. Diese Rolle übernahm nun in Deutschland seit den 1840er Jahren der Eisenbahnbau, in den zunächst circa 20–30 Prozent der gesamtwirtschaftlichen Investitionen und anschließend bis in die 1870er Jahre immer noch circa 15–20 Prozent flossen. Entsprechend schnell wuchs – auch im europäischen Vergleich – das Streckennetz, das sich zwischen 1840 und 1850 von 462 km auf 5875 km mehr als verzehnfachte und sich in den beiden nachfolgenden Jahrzehnten nochmals jeweils nahezu verdoppelte.

Eisenbahnbau und Eisenbahnbetrieb wirkten in hohem Maße stimulierend auf den Steinkohlenbergbau, die Eisen- und Stahlindustrie und den Maschinenbau. Für jede dieser Branchen war die Eisenbahn der entscheidende Nachfrager. So profitierte der Steinkohlenbergbau unmittelbar durch den Kohlenverbrauch der Lokomotiven und mittelbar durch den Energiebedarf der Eisenhütten, die mehr als die Hälfte ihrer Produktion für den Eisenbahnbau lieferten. Erst durch diese sprunghaft steigende Nachfrage rechneten sich die hohen Investitionen, die besonders im Ruhrgebiet für den Übergang zum technisch anspruchsvollen Kohleabbau in großen Tiefen erforderlich waren. Wie schnell die Effekte im Zusammenspiel von Eisenbahnnachfrage und technischen Innovationen vielfach griffen, lässt sich beispielsweise daran ablesen, dass in der Eisenverhüttung Koks, der begonnen hatte, die Holzkohle zu verdrängen, 1850 noch einen Anteil von 25 Prozent hatte, 1853 aber bereits einen Anteil von 63 Prozent erreichte.

In ähnlicher Weise wurde der Maschinenbau direkt durch den Bedarf der Eisenbahnen an Lokomotiven und Wagen und indirekt durch die Ausstattung des Bergbaus und der Eisen- und Stahlindustrie mit Dampf- und anderen Maschinen gefördert. Die Stärke, mit der diese Wachstumsimpulse auf die deutsche Industrie wirkten, hing entscheidend davon ab, dass es schnell gelang, die anfangs dominierenden Importe durch eine eigene Produktion zu ersetzen. Denn zunächst wurden die meisten Schienen, Lokomotiven und Wagen aus England geliefert. Beispielsweise kamen 1843 noch 88 Prozent der bei deutschen Eisenbahnen eingesetzten Lokomotiven aus dem Ausland, während nur sieben Jahre später bereits zwei Drittel von deutschen

Herstellern wie Borsig in Berlin, Kessler in Karlsruhe, Henschel in Kassel oder Maffei in München stammten. Gegen Ende der 1850er Jahre wurde dann bereits ein beträchtlicher Teil der Produktion exportiert.

Zu diesen von der Nachfrage des Eisenbahnsektors ausgehenden Impulsen, den Rückwärtskoppelungseffekten, kamen mit dem zunehmenden Ausbau des Eisenbahnnetzes sogenannte Vorwärtskoppelungseffekte hinzu. So ermöglichten die rasch sinkenden Transportkosten dem Steinkohlenbergbau, neue Absatzregionen in Nord- und Mitteldeutschland zu erschließen, die bisher vorwiegend aus England beliefert worden waren. Auch für andere Branchen – etwa die Textilindustrie – erweiterte sich der Markt und verbesserten sich die Absatzchancen erheblich. Umgekehrt förderte die Ausweitung des Güterverkehrs, der in der Frühphase des Eisenbahnbaus noch keine nennenswerte Rolle gespielt hatte, seit den 1850er Jahren den zügigen Ausbau des Eisenbahnnetzes. Allein die Steinkohlentransporte summierten sich in den 1870er Jahren auf fast ein Drittel der gesamten Güterbeförderung in Preußen.

Eng verknüpft war der Aufschwung im Eisenbahnwesen und in der Montanindustrie auch mit der Entwicklung des Bankensystems. Zunächst waren, da die deutschen Eisenbahnen überwiegend als Privatbahnen gebaut und betrieben wurden, Kapitalsummen in einer bisher nicht gekannten Höhe aufzubringen. Dafür setzte sich seit den 1840er Jahren die neue Finanzierungs- und Unternehmensform der Aktiengesellschaft durch. Da sich die etablierten Hamburger und Frankfurter Banken, deren Geschäft in der Handels- und Staatsfinanzierung florierte, lange Zeit zurückhielten, boten sich hier für wagemutige Privatbankiers aus anderen Städten, etwa Köln, Berlin, Leipzig und Breslau, gute Chancen, eine Expertise zu gewinnen und Kontakte zu knüpfen, die sich dann ebenso für die Industriefinanzierung nutzen ließen. Denn auch hier bestand angesichts der hohen Kosten der immer aufwendigeren Produktionstechniken im Bergbau und in der Schwerindustrie ein rasch steigender Finanzbedarf, der nicht mehr, wie in vielen anderen Branchen, auf dem Wege der Selbstfinanzierung aufgebracht werden konnte.

Sowohl bei der Platzierung von Aktien als auch bei der Vergabe von Krediten führte an den Banken kein Weg vorbei. Allerdings überstiegen die finanziellen Anforderungen oft die Leistungsfähigkeit der Privatbankiers, so dass – beginnend in den 1850er Jahren, besonders aber in einem wahren Gründungsboom nach der Liberalisierung des Aktienrechts 1870 – zahlreiche Aktienbanken wie die Deutsche Bank und die Commerzbank gegründet wurden, die das Kreditgeschäft mit den großen Industrieunternehmen bald vollständig übernahmen.

Wir halten also fest: Der Durchbruch der industriellen Revolution wurde in Deutschland durch einen «Führungssektorkomplex» aus Eisenbahnen, Schwerindustrie, Steinkohlenbergbau und Maschinenbau angetrieben und geprägt. Dagegen blieb der Aufschwung in anderen Industriebranchen wie insbesondere der Konsumgüterindustrie zunächst noch recht gedämpft. Erst nach 1855 machte sich die Arbeitskräfteverknappung in einer Steigerung des realen Lohnniveaus und damit auch der Massenkaufkraft bemerkbar, von der nun auch die Konsumgüterproduktion profitieren konnte.

Ihr Hauptzweig, die Textilindustrie, die auch in den 1870er Jahren noch deutlich mehr Beschäftigte aufzuweisen hatte als der Montanbereich, zeigt ein anderes Entwicklungsmuster als dieser. Zwar wurden auch hier wichtige technische Innovationen eingeführt; auch hier setzte sich die industrielle Erzeugung in Fabriken mehr und mehr gegen die handwerkliche und heimgewerbliche Produktion durch; auch hier wurden kräftige Produktionssteigerungen erreicht; auch hier waren die strukturellen Einflüsse der Verkehrsrevolution nicht zu übersehen, die den Aufstieg der Baumwollindustrie und den Niedergang des Leinengewerbes und zugleich kräftige regionale Verschiebungen begünstigten. Aber eine impulsgebende Ausstrahlung auf den allgemeinen Industrialisierungsprozess ging von der Textilindustrie, anders als im englischen Fall zuvor, nicht aus.

Ein in gewisser Weise ähnliches Bild bot die Landwirtschaft, in der immerhin um 1870 noch knapp die Hälfte der Beschäftigten tätig war. Nur relativ verlor der Agrarsektor an ökonomischem Gewicht. Absolut betrachtet, waren auch für die Landwirtschaft die 1850er und 1860er Jahre eine Epoche kräftigen Wachstums. Zudem konnten für die – je nach Erzeugnis um 50 bis 100 Prozent – gesteigerte Produktion auch noch deutlich höhere Preise erzielt werden. Erreicht wurde die Produktionssteigerung wie schon zuvor in erster Linie extensiv, durch eine Ausweitung der bewirtschafteten Flächen. Eine intensivierte Bodennutzung ergab sich vor allem durch die höheren Erträge, die mit Kartoffeln und Zuckerrüben anstelle des Getreides erreicht werden konnten. Zum Ausgleich der Nährstoffverluste des Bodens wurde seit den 1860er Jahren künstlicher Dünger eingesetzt, während die Mechanisierung bis weit in die Zeit des Kaiserreiches hinein keine nennenswerte Rolle spielte. Noch höhere Wachstumsraten als im Ackerbau wurden in der Viehwirtschaft erzielt. Die steigende Fleisch- und Milchproduktion entsprach der Nachfrage der zunehmenden städtischen Bevölkerung und führte zu einer schrittweisen Verbesserung der Ernährungssituation breiter Bevölkerungsschichten.

Mit der schwerindustriellen Prägung der industriellen Revolution in Deutschland war auch eine starke regionale Schwerpunktsetzung verbunden. Die frühindustriellen Betriebe waren zu großen Teilen aus städtischen Gewerben hervorgegangen und eng mit dem Handel und kaufmännischen Investitionen verknüpft gewesen. Sie verarbeiteten in erster Linie agrarische Produkte und erweiterten parallel zum Bevölkerungswachstum ihre Betriebsgröße; dazu zählten Leinen- und Wollmanufakturen, Bierbrauereien und Brennereien, Ölmühlen, Tabak- und Zuckerfabriken. Entsprechend waren diese Industrien, obwohl es daneben bereits gewisse Schwerpunkte der Textilindustrie und des Maschinenbaus etwa in Sachsen und im Rheinland gegeben hatte, regional relativ breit gestreut. Mit der schwerindustriell bestimmten Konjunktur seit 1845 gelangten jedoch in erster Linie die Standorte des Steinkohlenbergbaus und der sich meist dort ansiedelnden Eisen- und Stahlindustrie in die Vorhand: das Ruhrgebiet, das Saargebiet und Oberschlesien. Nur der Maschinenbau blieb relativ breit gestreut; der Lokomotivbau war beispielsweise oft in den Hauptstädten mittlerer und großer Einzelstaaten angesiedelt.

Die politischen Konsequenzen dieser regionalen Schwerpunktbildung liegen auf der Hand. Sie bildete die Basis für eine sich in den Jahren zwischen 1850 und 1870 ausbildende und dynamisch verstärkende wirtschaftliche Überlegenheit Preußens über Österreich, die die Begründung eines kleindeutschen Nationalstaats unter preußischer Führung überhaupt erst möglich machte. In diesem Sinne hat schon der berühmte englische Nationalökonom John Maynard Keynes in Abwandlung der vielzitierten Worte Bismarcks davon gesprochen, das Deutsche Reich sei «eher auf Kohle und Eisen gebaut als auf Blut und Eisen».

Überhaupt darf die Bedeutung des Staates für die industrielle Revolution in Deutschland nicht unterschätzt werden, war der wirtschaftliche Strukturwandel doch entscheidend von den von staatlicher Seite gesetzten Rahmenbedingungen abhängig, wenngleich ebenso unübersehbar ist, dass «die deutsche Industrialisierung kein maßgeblich vom Staat gesteuerter Vorgang war» (Hans-Werner Hahn). Eine wichtige Zäsur bildete die Revolution von 1848/49, in der zwar der von der bürgerlich-liberalen Opposition erstrebte Systemwechsel ausblieb, in der aber mit dem Abschluss der Bauernbefreiung und der von ihr beförderten Modernisierung des Agrarsektors eine verbesserte Grundlage für die Industrialisierung geschaffen wurde. Zudem verstärkten viele Regierungen unter dem Eindruck des revolutionären Aufbegehrens ihr wirtschaftspolitisches Engagement und steuerten mehr und mehr einen wirtschaftsliberalen Kurs. So führte Preußen – ohnehin schon seit der Reformzeit der Vorreiter in Deutschland – 1851 ein liberales Bergrecht ein, das erst den großen Entwicklungsschub im Steinkohlenbergbau ermöglichte. In den 1860er Jahren folgten auch die süddeutschen Staaten, die unter dem Druck der Handwerker jahrzehntelang gezögert hatten, dem preußischen Beispiel und führten die Gewerbefreiheit ein. Insofern war nach 1849 eine mit dem Vormärz vergleichbare Konfrontation zwischen wirtschaftendem Bürgertum und Staat nicht mehr gegeben, sondern der Staat war im Gegenteil bestrebt, die Energien des Bürgertums auf den ökonomischen Modernisierungsprozess und damit von dem heiklen politischen Feld abzulenken.

Die Kehrseite der wirtschaftsliberalen Haltung Preußens und anderer deutscher Staaten in der Zeit nach 1848/49 war die geringe Bereitschaft von staatlicher Seite, sich in die Arbeitsverhältnisse und die Beziehungen zwischen Arbeitgebern und Arbeitnehmern einzumischen und soziale Probleme anzugehen. Während die sozialen Lasten des strukturellen Wandels hin zur Industriewirtschaft den Städten und Gemeinden aufgebürdet wurden, beschränkte sich die Arbeitsschutzgesetzgebung im Wesentlichen auf das schrittweise Verbot der Kinderarbeit beziehungsweise deren genauere Reglementierung. Auf der anderen Seite führte die liberale Orientierung der Politik dazu, dass schon relativ früh, nämlich 1869 in der Gewerbeordnung des Norddeutschen Bundes, die Koalitionsfreiheit festgeschrieben wurde, ein Recht, das die frühe Entstehung von Gewerkschaften in Deutschland begünstigte.

Mindestens ebenso wichtig war, dass die mit dem Deutschen Zollverein 1834 eingeleitete Schaffung eines kleindeutschen Wirtschaftsraumes zusammen mit dem hohen Tempo des Eisenbahnbaus besonders in den 1850er und 1860er Jahren zu großen Fortschritten bei der Marktintegration aller Wirtschaftszweige und zu einer immer stärkeren Nationalisierung des Marktes führte. Der nationale Markt wurde daher zu einem wirtschaftlichen Wachstumstreiber allerersten Ranges, zumal der Zolleinheit zahlreiche Schritte wirtschaftsrechtlicher Vereinheitlichungen, zu gemeinsamen Normen, Statistiken etc., folgten. Auch wenn nach wie vor ein erheblicher Warenaustausch zwischen den süddeutschen Staaten und Österreich beziehungsweise der Schweiz und Frankreich abgewickelt wurde, musste der Zollverein mittel- und langfristig Preußen auch in eine nationalpolitische Führungsposition bringen.

Entsprechend umkämpft war die Zollpolitik zwischen Preußen und Österreich in den beiden Jahrzehnten nach der Revolution. Im Ergebnis gelang es Preußen nicht nur, den Zollverein gegen alle österreichischen Anfeindungen zu behaupten und Österreich aus diesem weiterhin auszugrenzen, sondern den Zollverein durch eine Reihe von Handelsverträgen, die in den 1860er Jahren u.a. mit Frankreich geschlossen wurden, Teil einer großen west- und mitteleuropäischen Freihandelszone werden zu lassen, aus der Österreich – ebenso wie dann aus der staatlichen Einheit – ausgeschlossen war.

2. Auf dem Weg zur Klassengesellschaft

Der Durchbruch der Industriewirtschaft musste auch die deutsche Gesellschaft von Grund auf verändern. Gerade diese tiefgreifende, alle Lebensbereiche erfassende Umwälzung betont ja der Begriff der «industriellen Revolution». Doch entsprechend komplex und analytisch schwer auf den Punkt zu bringen ist der gesellschaftliche Wandel. Im Einzelnen ist oft kaum zu entscheiden, welche Veränderungen sich nur parallel zur Industrialisierung vollzogen, welche von ihr verstärkt oder beschleunigt und welche tatsächlich von ihr ausgelöst wurden.

Zum Ersten handelte es sich um den langfristigen Wandel von der ständischen zur bürgerlichen Gesellschaft, der bereits im späten 18. Jahrhundert begonnen hatte und der sich das ganze 19. Jahrhundert über fortsetzte. Dieser Übergang war zweifellos nicht Folge der Industrialisierung, sondern bildete eine ihrer fundamentalen Voraussetzungen, zum Beispiel hinsichtlich der Mobilität von Menschen und Kapital. In diesem Sinne lassen sich zahlreiche gesellschaftliche Veränderungen zwischen 1840 und 1880 beobachten, die in dieser Epoche keineswegs neu waren, sondern lange vorher einsetzende Entwicklungen – teilweise beschleunigt – fortführten.

Bei genauerem Hinsehen zeigen sich jedoch zum Zweiten in der oberflächlichen Kontinuität des Übergangs zur bürgerlichen Gesellschaft signifikant neue Akzentsetzungen, die Indizien für eine neue Entwicklung sind, die anzeigen, dass sich das angepeilte Ziel des gesellschaftlichen Wandels, die bürgerliche Gesellschaft, mit neuen Inhalten zu füllen begann.

Und zum Dritten gab es in Mitteleuropa nach wie vor weite, vor allem ländliche Regionen, die von der ungeheuren Dynamik der industriellen Revolution wenig bis gar nicht berührt wurden.

Typisch für den langfristigen Wandel war nicht zuletzt das

Bevölkerungswachstum, das nach 1840 beziehungsweise 1850, wenn auch mit leicht abnehmender Tendenz, anhielt und das auch noch keine fundamentalen Veränderungen des generativen Verhaltens erkennen lässt. Das heißt, die sogenannte vorindustrielle Bevölkerungsweise mit hohen Geburtenraten und hohen Sterberaten, bei der das Bevölkerungswachstum allein aus der höheren Geburtenrate resultierte, setzte sich auch im Industrialisierungsschub der Jahrhundertmitte unverändert fort. Der Wandel des generativen Verhaltens vollzog sich erst nach 1870, als durch eine verbesserte medizinische Versorgung, Hygiene etc. zunächst die Sterberaten zurückgingen, bevor dann als Reaktion darauf mit starker Verzögerung, nämlich erst ab etwa 1900, sich auch die Geburtenraten verminderten. Dadurch kam es für einige Jahrzehnte zu einem extrem hohen Geburtenüberschuss und einer entsprechend starken Steigerung der Bevölkerungszahlen.

Kontinuierlich hoch blieb der Auswanderungsdruck. Er macht deutlich, dass der strukturelle Mangel an Beschäftigung, der im Vormärz am Symptom des Pauperismus, der ständig zunehmenden Massenverelendung, zu beobachten gewesen war, nach der Jahrhundertmitte nur sehr allmählich überwunden wurde. Vielmehr wurden in den 1850er Jahren, in der zweiten Hälfte der 1860er Jahre und dann noch einmal in den 1880er Jahren die absoluten Höchstzahlen der deutschen Auswanderung erreicht; in vielen Jahren verließen mehr als 100 000 Menschen die deutschen Staaten, im Spitzenjahr 1854 sogar fast eine Viertelmillion. Insgesamt summierte sich die Auswanderung von 1820 bis 1913 auf 5,4 Millionen Personen, wobei knapp 90 Prozent der Emigranten die USA als Ziel wählten.

Parallel zur Auswanderung nahm auch die Binnenwanderung ab der Jahrhundertmitte signifikant zu, doch ist sie aufgrund fehlender statistischer Daten nur schwer in ihrem Gesamtumfang zu erfassen. Sicher ist, dass die Wanderungsformen und Wanderungswege sehr vielfältig waren und dass diese sich im Unterschied zur Zeit vor 1840, als es auch noch eine Zuwanderung in die agrarischen Regionen des preußischen Ostens gegeben hatte, immer stärker auf eine Ost-West-Wanderung, also von den agrarischen in die industriell entwickelteren Regionen, konzentrierten.

Das wichtigste Indiz für die starke Zunahme der Binnenwanderung war der sich beschleunigende Verstädterungsprozess, der aber – blickt man auf das ganze 19. Jahrhundert – noch nicht die Dynamik der Hochindustrialisierungsepoche erreichte. Immerhin stieg der Anteil der Stadtbevölkerung in Preußen zwischen 1849 und 1871 von 28,1 Prozent auf 32,5 Prozent. Und die Zahl der Städte mit mehr als 10 000 Einwohnern, die im späteren Reichsgebiet 1830 noch bei 80 gelegen hatte, erhöhte sich bis 1871 bereits auf 220. Die beschleunigte Industrialisierung war dabei ein wichtiger Wachstumsfaktor, doch konnten je nach Stadttyp auch der Handel und – besonders bei den Hauptstädten der Einzelstaaten – zentrale Verwaltungsfunktionen eine entscheidende Rolle spielen. Stets aber war die gute Einbindung in das entstehende Eisenbahnnetz jene Einflussgröße, die eine überproportionale Bevölkerungszunahme begünstigte.

Die Städte waren auf die vielfältigen Herausforderungen, die das Bevölkerungswachstum mit sich brachte, zunächst kaum vorbereitet. Dies galt in besonderem Maße für die aus Dörfern neu entstehenden Industriestädte etwa im Ruhrgebiet. Aber auch in den traditionsreicheren Städten war als Folge der Zuwanderung eine sich verschärfende Wohnungsknappheit und eine hohe Verdichtung der Bevölkerung besonders in den Altstadtvierteln mit entsprechenden sozialen und hygienischen Problemen zu beobachten. Die administrativen Instrumente und Kapazitäten der Kommunen, diese Probleme zu bewältigen und in den oft von privater Spekulation angetriebenen Wildwuchs der Stadtentwicklung regelnd einzugreifen, wurden nur langsam ausgebaut. Auch in der Städtetechnik waren die 1850er und 1860er Jahre eine Anlaufphase, auf die erst später der volle Durchbruch folgte. Allein bei der Gasbeleuchtung und Gasversorgung, deren Anfänge bis in die 1820er Jahre zurückreichten, wurde bereits um 1870 eine nahezu vollständige Abdeckung aller mittleren und größeren Städte erreicht. Ab den 1850er Jahren wurden allmählich – nicht zuletzt in Reaktion auf Choleraepidemien und größere Brandkatastrophen – Entwässerungssysteme und öffentliche Wasserversorgungen aufgebaut. Noch später folgten Müllabfuhr, städtische Friedhöfe, kommunale Schlachthöfe und erste Ansätze eines öffentlichen Nahverkehrs in Form von Pferdebahnen.

Vor allem vollzog sich in den Städten in den 1850er und 1860er Jahren die langfristig wohl wichtigste gesellschaftliche Strukturveränderung, der Aufstieg eines industriell fundierten Wirtschaftsbürgertums einerseits und die Herausbildung einer ebenfalls durch die industrielle Tätigkeit definierten Arbeiterschaft andererseits.

Die wirtschaftliche Führungsschicht, die insgesamt zahlenmäßig kräftig expandierte und dennoch eine kleine Minderheit blieb, umfasste nach wie vor sowohl Kaufleute und Bankiers als auch Fabrikanten, doch verschoben sich – verglichen mit der ersten Jahrhunderthälfte – die Gewichte mehr und mehr zugunsten der industriellen Unternehmer. Diese kamen freilich in vielen Fällen auch nach 1850 eher aus der Kaufmannschaft, als dass sie Techniker oder Handwerker gewesen wären. Mit besonderer Faszination blickten die Zeitgenossen auf jene Unternehmer, die durch ihren Erfolg – oft in der Schwerindustrie – nicht nur zu Reichtum kamen, sondern geradezu an die Spitze der gesellschaftlichen Hierarchie katapultiert wurden. Das berühmteste und extremste Beispiel bildete zweifellos Alfred Krupp, der – aus einer Essener Kaufmannsfamilie stammend – Anfang der 1870er Jahre seinen Wohnsitz von dem Fabrikgelände, auf dem die frühen Unternehmer meist wohnten, in die monumentale Villa Hügel verlegen konnte.

Aber darin ging die Entwicklung des Bürgertums in den 1850er und 1860er Jahren keineswegs auf. Bürgertum und Bourgeoisie wurden nicht identisch. Von dem starken ökonomischen Aufschwung profitierten durchaus breitere wirtschaftsbürgerliche Kreise, kleine und mittlere Unternehmer, Kaufleute jedweder Art, auch traditionellere Gewerbe wie Gastwirte und Bierbrauer, dazu mancher Handwerker – und das nicht nur in den größeren Städten. Das Wirtschaftsbürgertum blieb also trotz der unübersehbaren Fortschritte des industriellen Unternehmertums nach Tätigkeit und Einkommen breit fundiert mit fließenden Übergängen zwischen seinen einzelnen Teilgruppen.

Auch die zweite bürgerliche Fraktion, das Bildungsbürgertum, befand sich weiter auf Expansionskurs und blieb doch eine extrem kleine Gruppe; für Preußen um 1850 hat man einen Anteil von 0,3 Prozent der Erwerbstätigen errechnet. Zudem nahm seine innere Differenzierung eher zu. Nicht nur war für die Zeitgenossen immer noch umstritten, ob die Beamten als Staatsdiener überhaupt zum Bürgertum zu rechnen seien, sondern die Marktstellung der verschiedenen bildungsbürgerlichen Berufe entwickelte sich so unterschiedlich, dass das gemeinsame Merkmal der akademischen Bildung zurücktrat hinter die großen Differenzen der Karrierechancen, der Handlungsspielräume und der Einkommen. Und insgesamt verloren die Bildungsbürger relativ zum Wirtschaftsbürgertum an Einkommen und gesellschaftlichem Einfluss.

Bei den kleinen und mittleren Gewerbetreibenden in Handwerk und Handel, die bei weitem die Mehrheit des städtischen Bürgertums stellten, setzte sich ebenfalls die schon im Vormärz einsetzende Differenzierung nach einzelnen Gewerbezweigen wie auch nach individuellen Erwerbserfolgen fort. Die allgemeine Krise der handarbeitenden Gewerbe hatte mittlerweile ihren Höhepunkt überschritten, die Chancen verarmter Handwerksmeister und -gesellen, ein Auskommen in der Industrie zu finden, nahmen zu. Daher war, als in der ersten Hälfte der 1860er Jahre endlich auch die süddeutschen Staaten zur Gewerbefreiheit übergingen, der Widerstand aus den Kreisen des Handwerks nur noch gering. Dennoch war die Einkommenssituation der meisten Handwerker und kleinen Händler alles andere als befriedigend und reichte für eine bürgerliche Lebensführung nicht aus. Das aber heißt: Große Teile des einstigen Mittelstandes standen, obwohl formal immer noch selbständig, in ihrer Lebensweise den lohnabhängigen unteren Schichten weit näher als dem mittleren und gehobenen Bürgertum.

Bei allen bürgerlichen Teilgruppen zeigte sich mithin im Zuge der Durchsetzung von Industrie und Marktwirtschaft eine beschleunigte Differenzierung und Fragmentierung, die eine immer größere Vielfalt primär nach Beruf und wirtschaftlicher Stellung, jedoch ebenso nach Einkommen, Bildung und sonstiger Lebenslage unterschiedener bürgerlicher Erwerbs- und Berufsklassen freisetzten. Hingegen verloren die wichtigsten integrierenden Faktoren an Wirkungskraft, jedenfalls verbanden sie nicht mehr die Gesamtheit, sondern nur noch Teile des Bürgertums.

Das galt zunächst einmal für die überkommene, durch das Bürgerrecht definierte Einheit des Stadtbürgertums. Der schon im Vormärz in Gang gekommene Prozess, das Bürgerrecht auf die politische Berechtigung – vor allem das aktive und passive Wahlrecht zu den kommunalen Ämtern und Gremien – zu reduzieren, wurde in fast allen deutschen Staaten in den 1860er Jahren mit dem Übergang zur Gewerbefreiheit und der Neuregelung des Armenrechts vollendet – nicht mehr die Heimat-, sondern die Wohnsitzgemeinde war nun für die Armenfürsorge zuständig. Das schloss nicht aus, dass die Stadt als gemeinsamer Lebens- und Handlungsraum nach wie vor ein gewisses Zusammengehörigkeitsbewusstsein stiftete und somit eine Vorstellung vom Bürger lebendig blieb, die sich eng an die stadtbürgerliche Tradition politischer Mitbestimmung und einer besonderen Verantwortung für das städtische Gemeinwesen anlehnte.

Allerdings wurde meist mit jeder Ausweitung des Bürgerrechts hin zu mehr Gleichberechtigung aller Gemeindeeinwohner in der wirtschaftlichen Tätigkeit und in der sozialen Absicherung das Recht zur politischen Teilhabe durch unterschiedlichste Maßnahmen eingeschränkt. Vor allem wenn die Wahlberechtigung durch einen Zensus stark begrenzt oder wenn trotz allgemeinem Wahlrecht das Gewicht der Stimmen – wie zuerst mit dem Dreiklassenwahlrecht in Baden und im Rheinland – durch eine Klasseneinteilung der Wähler nach Steuerleistung scharf abgestuft wurde, wurde die früher beschworene Einheit des Bürgertums massiv untergraben. De facto reduzierte sich damit der Kreis der vollberechtigten Bürger auf eine durch Einkommen und Besitz privilegierte Minderheit.

Ähnliche Entwicklungstendenzen lassen sich im Vereinswesen beobachten. Zwar setzte das Assoziationsprinzip seinen

Siegeszug in gesteigerter Form fort und wurde nun von allen sozialen Schichten genutzt, um die eigenen Interessen und die verschiedensten Aktivitäten zu organisieren. Aber die sozial integrierende Wirkung des Vereinswesens ging im Vergleich zum Vormärz erheblich zurück. Die Vereine führten nur mehr – vor allem berufsbezogene, später auch konfessionell oder politisch definierte – Teilgruppen der städtischen Gesellschaft zusammen. Da auch die Vereinsführungen kaum noch personell miteinander verflochten waren, spiegelte sich in diesem Prozess die wachsende Desintegration des Bürgertums.

Dazu passt, dass die kulturelle Praxis des Bürgertums sich ab der Jahrhundertmitte signifikant veränderte. Zuvor hatte das gemeinschaftliche Kunsterlebnis mit oft fließenden Übergängen zwischen Publikum und Künstlern im Vordergrund gestanden und sich vor allem in den Theatern ein sozial sehr breit gezogener Zuschauerkreis versammelt. Jetzt dominierten mehr und mehr die Repräsentations- und Selbstdarstellungsbedürfnisse einer schmalen bürgerlichen Oberschicht: Die Ansprüche an die künstlerische Professionalität stiegen, die Distanz zwischen Publikum und Künstlern wuchs, das Wissen über die nun zunehmend kanonisierte Kultur und die ästhetische Urteilsfähigkeit wurden als soziale Distinktionsmerkmale eingesetzt.

Das Bürgertum verengte sich also im dritten Jahrhundertviertel zu einer nur noch die gehobenen Kreise von Besitz und Bildung umfassenden Sozialformation. Sie hob sich immer deutlicher von den nun als Kleinbürgertum bezeichneten mittleren und kleinen Gewerbetreibenden ab, die sich selbst zwar noch als Bürger sahen, die aber weder von ihrer Bildung noch von ihrem Besitz her über hinreichende Mittel für eine bürgerliche Lebensführung verfügten. Eine Verwendung des Bürgerbegriffs in einem umfassenderen, vormärzlichen Sinne lief hingegen mehr und mehr auf eine rein ideologisch motivierte Beschwörung eines untergegangenen sozialen Phänomens hinaus.

Auch am unteren Ende des sozialen Spektrums, das in den Städten bis zur Jahrhundertmitte zwar bereits stark angewachsen war und in der Dürftigkeit der Lebensverhältnisse eine durchaus gleichartige Unterschicht gebildet hatte, aber nach der beruflichen Stellung als Dienstbote, Lehrling, Geselle oder Tagelöhner noch höchst differenziert gewesen war, zeichneten sich mit dem Industrialisierungsschub der 1850er und 1860er Jahre fundamentale Veränderungen ab. Aus der Vielzahl nicht mehr ständisch eingebundener, sondern allein auf die freie Vermarktung ihrer Arbeitskraft angewiesener Existenzen begann sich eine Arbeiterklasse zu entwickeln, die auf der Basis gemeinsamer Interessen und Erfahrungen ein Bewusstsein ihrer Zusammengehörigkeit und die Fähigkeit zu kollektivem Handeln ausbildete. Zum Kristallisationskern dieser neuen Klasse wurde das Fabrikproletariat, die Beschäftigten in den zentralisierten Großbetrieben der Industrie, des Bergbaus, auch der Eisenbahn. Um 1850 nur eine Minderheit unter den gewerblich Beschäftigten, verdreifachte sich die Fabrikarbeiterschaft bis 1875 auf etwa 2 Millionen Personen und stellte mit einem Drittel nun die größte Gruppe; bis um 1900 schnellte dieser Anteil bis auf 60 Prozent empor. Allerdings waren auch die Fabrikarbeiter zunächst eine in sich keineswegs homogene Gruppe. Unterschiede der geographischen und vor allem der beruflichen Herkunft, etwa zwischen ehemaligen Landarbeitern und Handwerksmeistern und -gesellen, Unterschiede der Belegschaftsstruktur zwischen den Branchen, insbesondere erhebliche Differenzen des Prestiges und strenge Hierarchien in den hoch spezialisierten Betrieben der Eisen- und Stahlindustrie, eine große, bis zum Sechsfachen reichende Spannweite der Entlohnung zwischen Ungelernten und Fachkräften, schließlich eine extrem hohe Fluktuation in den Belegschaften bildeten erhebliche Hindernisse auf dem Weg zur Solidarisierung als Klasse.

Dennoch war unter den Fabrikarbeitern der klassenbildende «Siegeszug der Lohnarbeit» (Jürgen Kocka) am ausgeprägtesten. Zugleich ging eine integrierende Wirkung auf alle Beschäftigten von der strengen Fabrikdisziplin aus, die nach und nach überall durchgesetzt und in später sogar staatlich sanktionierten Fabrikordnungen kodifiziert wurde. Die Gleichheit der Arbeitserfahrungen strahlte auch über die Fabrik hinaus: Die Lebenslagen glichen sich ebenso an wie die gesellschaftliche Stellung.

Eine weitere entscheidende Rolle spielte – wie vor allem am Beispiel der Leipziger Arbeiterschaft gezeigt worden ist – die proletarische Familie. Während noch in der ersten Jahrhunderthälfte die meisten Angehörigen der Unterschichten – auch aufgrund rechtlicher Beschränkungen – nicht oder erst spät heirateten, nahm im Zuge der industriellen Revolution die Zahl der Eheschließungen in den Unterschichten rapide zu. In den Arbeiterfamilien konsolidierte sich die proletarische Lebensweise, entstand mit den Kindern ein «geborenes Proletariat» und stabilisierte sich auch das soziale Umfeld in der Weise, dass die Kontakte zum kleinen und mittleren Bürgertum zurückgingen.

Die materiellen Lebensumstände der Arbeiterschaft verbesserten sich in den 1850er und 1860er Jahren. Bezeichnenderweise verschwand das Wort «Pauperismus» in den 1870er Jahren aus dem Sprachgebrauch. Die Arbeitsmöglichkeiten vermehrten sich, die Arbeitslosigkeit ging zurück, die Reallöhne stiegen, vor allem nach 1860, in vielen Branchen zumindest so weit an, dass damit eine Familie, wenngleich dürftig, ernährt werden konnte. Die Arbeitszeiten, die um 1850 bei oft über 85 Stunden pro Woche gelegen hatten, gingen bis 1873 – auch wegen der erreichten Intensivierung der Arbeit – auf 72 Stunden zurück und sanken danach langsam weiter bis auf etwa 60 Stunden um 1900. Auf der anderen Seite blieb die fehlende Absicherung gegen die existenziellen Risiken von Krankheit, Invalidität, Arbeitsplatzverlust und Altersarmut ein verbindendes Merkmal der Arbeiterexistenz.

Die Vorreiterrolle der Fabrikarbeiterschaft in der proletarischen Klassenbildung bedeutete allerdings nicht, dass sie auch als Ganzes in der politischen Formierung der Arbeiterklasse führend aktiv gewesen wäre. Vielmehr stellten neben einzelnen Arbeitergruppen wie den Buchdruckern oder den Zigarrenarbeitern vor allem Handwerksgesellen mit Organisationserfahrungen und starken Vorbehalten gegen die proletarische Existenz das wichtigste Reservoir für die frühe Arbeiterbewegung.

Klassenbildung – das macht sowohl der Blick auf das Bürgertum als auch der auf die Arbeiterschaft klar – war ein überaus langfristiger Prozess, der zwar in der Durchbruchsphase der Industriewirtschaft eine signifikante Beschleunigung erfuhr, der aber selbst gegen Ende des Jahrhunderts, obwohl weit fortgeschritten, noch keineswegs abgeschlossen war. Die Hindernisse und Widerstände auf diesem Weg waren vielfältig. Sie betrafen einzelne gesellschaftliche Gruppen wie den Adel, der neben aller oft erfolgreichen Anpassung an die neuen wirtschaftlichen und gesellschaftlichen Prinzipien auch darauf setzte, teilweise rechtlich, vor allem aber faktisch eine an seine alte ständische Führungsposition anknüpfende Bevorzugung am Hof, im Militär oder in einigen Bereichen des Staatsdienstes besonders in Preußen zu behaupten.

Gestützt wurde diese quasiständische Selbstbehauptung nicht zuletzt durch den Stadt-Land-Unterschied. Klassenbildung war in besonderem Maße ein städtisches Phänomen. Gewiss waren auch auf dem Lande die kapitalistisch-marktwirtschaftlichen Prinzipien auf dem Vormarsch. Das war das Ziel der bis zur Jahrhundertmitte überwiegend abgeschlossenen Agrarreformen gewesen. Die Grundherrschaft mutierte zu einem Pachtverhältnis; die vorwiegend adeligen Gutsherren behaupteten sich vielfach als erfolgreiche Agrarunternehmer; die Trennung zwischen selbständig wirtschaftenden Bauern und lohnabhängigen Landarbeitern gewann an Gewicht. Aber freie Lohnarbeit setzte sich auf dem Lande in reiner Form nur sehr langsam durch. Viele Landarbeiter blieben zugleich Kleinstbauern, und vor allem in der ostelbischen Gutswirtschaft hielten sich quasifeudale Arbeitsformen beim Gesinde und bei den Instleuten. Selbst auf die städtische Arbeiterschaft wirkte das Land insofern zurück, als ein erheblicher Teil der Arbeiter besonders in Süddeutschland noch im Nebenerwerb Landwirtschaft betrieb. Zudem begrenzten kommunale Traditionen, verwandtschaftliche Beziehungen sowie die Enge und Abgeschiedenheit der dörflichen Verhältnisse häufig eine klare Klassenbildung.

In vielfältiger Weise verzögert, gebrochen und konterkariert wurde der Übergang in eine Klassengesellschaft – gerade auch auf dem Lande – durch religiöse Orientierungen und konfessionelle Scheidelinien. Denn obwohl das 19. Jahrhundert durch eine voranschreitende Säkularisierung und ab der Jahrhundertmitte gerade im protestantisch-städtischen Milieu durch eine erhebliche Entkirchlichung geprägt war, erreichten die Kirchen in mehreren Schüben und für erhebliche Teilgruppen der Gesellschaft eine Befestigung des christlichen Glaubens und des konfessionellen Zusammenhalts. Dies galt besonders für die katholische Kirche und den katholischen Bevölkerungsteil in dem in den 1860er Jahren in einigen Regionen einsetzenden und sich nach der Reichsgründung auf Preußen und das Reich ausdehnenden Kulturkampf. Die Katholiken scharten sich in einem Maße um ihre Kirche, organisierten sich in konfessionellen Vereinen und dann sogar in einer eigenen Partei, dem Zentrum, dass darüber bürgerliche oder proletarische Klassenorientierungen bis zum Ende des 19. Jahrhunderts und darüber hinaus in den Hintergrund traten. Ein anderes Beispiel gehemmter Klassenbildung bildet die jüdische Minderheit, blieb doch Juden auch nach der völligen rechtlichen Gleichstellung in den 1860er Jahren die umfassende Integration in das jeweilige soziale Umfeld aufgrund religiöser, gesellschaftlicher und später auch rassischer Vorurteile vielfach versagt.

Trotz aller Unschärfen, Differenzierungen und Hemmnisse auf dem Weg in die Klassengesellschaft wurde das grundlegend Neue des Umbruchs von den Zeitgenossen sehr genau registriert und beschrieben. Vor allem zwei Deutungen ziehen sich durch alle Gesellschaftsanalysen und politischen Standortbestimmungen der Zeit: zum einen eine Sicht, die den Materialismus als Kennzeichen der 1850er und 1860er Jahre in den Vordergrund stellte. «Wir leben im Zeitalter der materiellen Interessen», schrieb 1858 Johannes Scherr, ein während der Revolution bei den Demokraten engagierter württembergischer Schriftsteller: «Ein unerbittlicher Realismus beherrscht die Welt. [...] Das Kapital beherrscht alle Gesellschaftsklassen vom König bis zu den Fabriksklaven.» Und es war zum anderen eine sich nun auch in bürgerlichen Kreisen mehr und mehr durchsetzende Betonung der sozialen Ungleichheit: «Alle bürgerliche Gesellschaft ist Klassenordnung», heißt es etwa apodiktisch in Heinrich von Treitschkes seit Mitte der 1860er Jahre gehaltenen Vorlesungen über «Politik».

Auch in den Reihen derjenigen, die sich in einer Traditionslinie zu den vormärzlichen Liberalen sahen, wurde nun schonungslos mit dem alten Leitbild der klassenlosen Bürgergesellschaft und den daraus gezogenen politischen Konsequenzen abgerechnet. Das eben sei, so Johann Caspar Bluntschli 1857/58 im «Staatswörterbuch», der entscheidende Fehler bürgerlich-liberaler Politik in der Frankfurter Nationalversammlung gewesen: Man habe «sich selber mit der Nation identificirt» und darüber die Massen vergessen, die noch hinter dem dritten Stand stünden. Diese Kritik tangierte allerdings nicht den bürgerlichen Anspruch auf Teilhabe an der staatlichen Macht. Nur wurde dieser nun ganz auf die Schlüsselrolle gestützt, die das Bürgertum als «der natürliche Vertreter der Interessen der Kultur und der Civilisation» inzwischen in allen gesellschaftlichen Bereichen spielte, und auf die wirtschaftliche Stärke, auf die es im Zuge der forcierten Industrialisierung verweisen konnte.

3. Das Werden des Nationalstaats

Mit dem Scheitern der Nationalstaatsgründung von unten in der Revolution 1848/49 kehrte die vorrevolutionäre Ordnung des Deutschen Bundes zurück. Am 2. September 1850 wurde in Frankfurt am Main der Bundestag wieder eröffnet. Von ihm geleitet und koordiniert, setzte in allen deutschen Staaten eine Welle der Repression und der Reaktion ein: Am 23. August 1851 wurden die von der Nationalversammlung beschlossenen Grundrechte formell aufgehoben, ein «Reaktionsausschuss» des Bundestages kontrollierte, dass in den Einzelstaaten die liberalen Verfassungsänderungen der Revolutionszeit revidiert wurden, und im Juli 1854 folgten Rahmenvorschriften für die Überwachung der Presse – allerdings ohne die vormärzliche Vorzensur – und ein Verbot aller politischen Vereine und Versammlungen, insbesondere aller politischen Aktivitäten über die einzelstaatlichen Grenzen hinweg. Die Kehrseite der vorübergehend restaurierten politischen Totenruhe in Mitteleuropa war ein Heer von politischen Flüchtlingen, die durch Europa zogen und nicht zuletzt nach Nordamerika auswanderten.

Doch nur oberflächlich betrachtet waren damit die vorrevolutionären Verhältnisse wiederhergestellt. In Wirklichkeit konnte von einem tragfähigen und stabilen Konsens der beteiligten Staaten keine Rede sein. Zäh verteidigten die Mitglieder des Bundes in vielen Fragen ihre einzelstaatliche Souveränität. Vor allem drängten beide deutschen Großmächte, die nach Antworten auf die trotz des Scheiterns der Revolution fortbestehende nationale und liberale Herausforderung suchten, über den bestehenden Rahmen des Deutschen Bundes hinaus.

Österreich hatte als Reaktion auf den von der Frankfurter Nationalversammlung zunächst angestrebten großdeutschen Nationalstaat den Schwarzenberg-Plan entwickelt. Eine einheitliche Verfassung, die Einbindung des gesamten österreichischen Territoriums in den Deutschen Bund und eine mitteleuropäische Zollunion sollten die staatliche Einheit der Habsburgermonarchie erhalten, ihren Führungsanspruch in der Mitte Europas untermauern und die Gefahren bannen, die dem Vielvölkerstaat durch die deutsche nationale Bewegung drohten. Letztlich kam dieser Plan jedoch über eine Fortsetzung der vormärzlichen reaktionären Politik mit modifizierten Mitteln kaum hinaus und hatte den nationalen Kräften wenig zu bieten. Er scheiterte aber vor allem am Einspruch der anderen europäischen Großmächte, die in der Schaffung eines Siebzig-Millionen-Reiches in Mitteleuropa eine Bedrohung der auf dem Wiener Kongress installierten Gleichgewichtsordnung sahen.

Hingegen hatte Preußen seit Mai 1849 versucht, die zuletzt von der Paulskirche verfolgte kleindeutsche Linie im eigenen Sinne fortzuführen. Die in Frankfurt entworfene Verfassung sollte mit einigen konservativ akzentuierten Modifikationen für einen deutschen Nationalstaat unter preußischer Führung übernommen werden. Dieser sollte allerdings nicht mehr aus der souveränen Entscheidung einer Nationalversammlung, sondern aus einer Union der Fürsten hervorgehen. Doch gelang es dem wiedererstarkten Österreich, die wichtigsten deutschen Mittelstaaten nach und nach auf seine Seite zu ziehen und Preußen, nachdem sich der Konflikt Anfang November 1850 bis an den Rand eines Krieges zugespitzt hatte, mit russischer Unterstützung im Vertrag von Olmütz zur Aufgabe der Unionspläne zu zwingen.

Die einzige realistische Alternative, die vor allem von den Mittelstaaten befürwortet worden war, bestand darin, den Bund umfassend zu reformieren und ihm durch neue Organe und Kompetenzen eine Entwicklungsmöglichkeit in Richtung einer föderalen Nationsbildung zu eröffnen. Konkret wurde auf den von Dezember 1850 bis Mai 1851 in Dresden tagenden Konferenzen der Bundesstaaten ein Ausbau der Bundesexekutive, die Berufung einer aus Abgeordneten der Einzelstaaten bestehenden Volksvertretung und die Schaffung eines Bundesgerichts erwogen, dazu eine Fülle von Maßnahmen zur Vereinheitlichung der Rechts- und Wirtschaftsordnung. Doch wie auch stets zuvor ließen die vielfältigen Interessengegensätze und die preußisch-österreichische Rivalität eine Reform des Bundes nicht zu. Vor allem für Preußen stellte die erzwungene Rückkehr in den nach wie vor von Österreich dominierten Bundestag im Mai 1851 eine Niederlage auf ganzer Linie dar. Doch erlangte es eine gewisse Entschädigung dadurch, dass es die österreichischen Zollunionspläne abwehren und den von ihm geführten Deutschen Zollverein im September 1851 durch den Anschluss Hannovers stärken konnte.

Wie brüchig die wiederbelebte Zusammenarbeit der deutschen Staaten im Bund war, zeigte sich zuerst anlässlich des Krim-Krieges von 1854 bis 1856. In ihm intervenierten Großbritannien und Frankreich militärisch zugunsten des Osmanischen Reiches gegen russische Expansionsbestrebungen in den Donaufürstentümern Moldau und Walachei. Während Österreich auf die Seite der Westmächte trat und auch den Bund mit in den Konflikt hineinzuziehen versuchte, verfolgte Preußen nach einigem Zögern einen strikten Neutralitätskurs. Dadurch verschärfte sich die preußisch-österreichische Rivalität. Vor allem aber wurde durch den Krieg und den Pariser Frieden, in dem Russlands Niederlage im März 1856 besiegelt wurde, die auf dem Wiener Kongress geschaffene europäische Mächteordnung nachhaltig beschädigt, wenn nicht gar zerstört: Das Bündnis der drei konservativen Ostmächte war nun definitiv zerbrochen, Österreichs Verhältnis zu Russland dauerhaft zerrüttet, das Zarenreich erheblich geschwächt. Die Flügelmächte Russland und Großbritannien waren zudem durch ihre weltpolitischen Gegensätze für lange Zeit vom europäischen Kontinent abgelenkt.

Den so entstandenen Spielraum versuchte zunächst das von Napoleon III. geführte Frankreich zu eigenen Machtgewinnen zu nutzen. Der beste Ansatzpunkt für fundamentale Veränderungen bot sich auf der italienischen Halbinsel. Im Bündnis mit Frankreich provozierte hier das Königreich Sardinien-Piemont 1859 einen Krieg gegen Österreich, das nach zwei verheerenden Niederlagen gegen die französisch-piemontesischen Truppen die Lombardei abtreten und lediglich Venetien behaupten konnte. Über diesen Stand drängte die Entwicklung jedoch schon bald hinaus, als der piemontesische Ministerpräsident Cavour gemeinsam mit der italienischen Nationalbewegung und letztlich auch von Frankreich geduldet eine breite Anschlussbewegung in Mittel- und Süditalien entfachte, an deren Ende im März 1861 die Gründung des Königreichs Italien stand. Verlauf und Ergebnis der italienischen Nationalstaatsbildung wirkten in vielfältiger Weise auf die deutsche Situation zurück.

In Mitteleuropa war die nationale Idee unter den repressiven Bedingungen der 1850er Jahre – ähnlich wie im Vormärz – vor allem kulturell aufrechterhalten worden. Zum einen sollte die Kulturnation, die nach wie vor großdeutsch gedacht war, eine Art Ersatz für die fehlende politische Einheit bilden; zum anderen ließen sich die politischen Beschränkungen der Reaktionsjahre teilweise unterlaufen durch Sänger- und Turnerfeste, durch Denkmalsetzungen oder auch national inspirierte Kunstwerke. Den Höhepunkt der kulturnationalen Aktivitäten bildeten – schon durch die italienischen Ereignisse befördert – die Feiern, die in mehr als 400 deutschen Städten am 10. November 1859 zum 100. Geburtstag Friedrich Schillers abgehalten wurden – in dem damals weit mehr als in Goethe der deutsche Nationaldichter gesehen wurde.

Politisch hatte die liberale Nationalbewegung in den 1850er Jahren zu einer selbstkritischen Neuorientierung angesetzt. Das entscheidende Stichwort lieferte 1853 der badische Demokrat und spätere Nationalliberale Ludwig August von Rochau mit seiner Schrift «Grundsätze der Realpolitik», in der er den Revolutionären von 1848/49 weltfremden Idealismus vorhielt und ein realistischeres Verhältnis zur Macht und einen realpolitischeren Sinn für das Machbare einforderte. Zum neuen Realismus zählte jedoch auch die auf den wirtschaftlichen Fortschritt gestützte unerschütterliche Siegeszuversicht der Liberalen. Konkreter wurden die Konzepte mit den Erfolgen der italienischen Nationalbewegung und den von ihr demonstrierten Handlungsmöglichkeiten. Dass der gordische Knoten in der nationalen Frage nur mit militärischer Gewalt zerschlagen werden könne, zählte ebenso zu den neuen Einsichten wie die Überlegung, dass sich wie in Italien ein Staat an die Spitze der nationalen Revolution setzen müsse und dass dieses deutsche Piemont nach Lage der Dinge nur Preußen sein könne.

Organisatorisch fanden die Anhänger eines kleindeutsch-preußischen Nationalstaates im «Deutschen Nationalverein» zusammen, der nach dem Vorbild der italienischen «Società nazionale» am 15./16. September 1859 in Frankfurt am Main gegründet wurde. Auch mit Hilfe einer neuartigen professionalisierten, parteiartigen Organisation vermochte der Nationalverein schnell eine nach Zehntausenden zählende Anhängerschaft zu mobilisieren, während der drei Jahre später entstandene «Deutsche Reformverein», in dem sich die großdeutsche, vor allem in Süddeutschland starke Richtung des Liberalismus organisierte, über 4000 Mitglieder nicht hinauskam.

Den nötigen politischen Spielraum gewannen die Liberalen durch die in vielen deutschen Einzelstaaten zu beobachtende Abkehr von der bisherigen ultrareaktionären Politik. Insbesondere die Ablösung des geisteskranken preußischen Königs Friedrich Wilhelm IV. durch seinen Bruder Wilhelm I. im Oktober 1858 hatte, da Wilhelm sogleich ein neues liberal-konservatives Ministerium berufen und unbeeinflusste Neuwahlen zum Abgeordnetenhaus hatte abhalten lassen, große Hoffnungen auf eine «Neue Ära» in der preußischen und deutschen Politik geweckt.

Doch führte die von Wilhelm engagiert betriebene Reform

des preußischen Heeres binnen kurzem zu einem der schwerwiegendsten politischen Konflikte des 19. Jahrhunderts, und das, obwohl sich alle Beteiligten in dem Ziel einig waren, die Größe des preußischen Heeres der gewachsenen Bevölkerungszahl anzupassen und seine Kampfkraft für künftige Konflikte zu erhöhen. Doch weil der Regent und sein Kriegsminister Albrecht von Roon das Heer durch Verlängerung der Dienstzeit und den Abbau der Landwehr zugleich als loyales Instrument der monarchischen Exekutive sichern wollten und umgekehrt die sich in der neuen «Deutschen Fortschrittspartei» zusammenschließenden liberalen Kräfte die Reform als Hebel zur Stärkung des parlamentarischen Einflusses zu nutzen versuchten, mündete der Streit um die Heeresgesetze in einen Verfassungskonflikt. In ihm standen sich die in mehreren Wahlen immer wieder gestärkte liberale Parlamentsmehrheit – die jetzt aufgrund der Industrialisierung vom 1849 eingeführten Dreiklassenwahlrecht massiv profitierte – und der ebenfalls kompromisslos agierende Monarch unversöhnlich gegenüber.

In dieser scheinbar ausweglosen Situation – König Wilhelm hatte sogar die Abdankung zugunsten seines Sohnes erwogen – wurde am 24. September 1862 der preußische Gesandte in Paris, Otto von Bismarck, zum Ministerpräsidenten und Außenminister berufen – als «der schärfste und letzte Bolzen der Reaktion von Gottes Gnaden», wie von liberaler Seite bissig kommentiert wurde. Bismarck verdankte seine Berufung der Bereitschaft, die monarchische Machtstellung bedingungslos zu verteidigen und auch ohne parlamentarisch gebilligten Haushalt, und das heißt: gegen die Verfassung oder doch zumindest hart an der Grenze des Legalen, zu regieren; entsprechend konfrontativ handelte er auch in der Folgezeit. Aus der Sicht der liberalen Opposition war daher eine Beilegung des Konflikts nur ohne Bismarck, also nach einem erneuten Regierungswechsel, denkbar.

Doch hatte der neue Ministerpräsident bereits bei seinem ersten Auftritt vor der Budgetkommission des Abgeordnetenhauses am 30. September 1862 einen Ausweg aus der Konfrontation mit den vielzitierten Worten entworfen: «Nicht auf Preußens Liberalismus sieht Deutschland, sondern auf seine Macht;

[...] nicht durch Reden und Majoritätsbeschlüsse werden die großen Fragen der Zeit entschieden – das ist der große Fehler von 1848 und 1849 gewesen –, sondern durch Eisen und Blut.» Das klang vordergründig wie eine scharfe Absage an die liberale Position – und so wurde Bismarck von den Abgeordneten auch sogleich vorgehalten, er suche Preußen in äußere Konflikte zu verwickeln, um von den inneren Spannungen abzulenken. Doch gemeint waren die Worte als ein Kompromissangebot, als ein Appell an den neuen realpolitischen Sinn der Liberalen: Preußen könne außenpolitisch und in der nationalen Frage in Situationen hineingezogen werden, in denen sich Regierung und Parlament auf der gleichen Seite wiederfänden und in denen sich die akuten Streitfragen relativierten.

Allerdings dürfen Bismarcks so prophetisch klingende Worte keinesfalls als ein fest umrissenes nationalpolitisches Programm gelesen werden, das dann in den folgenden Jahren Schritt für Schritt abgearbeitet worden wäre – auch wenn dies die meisten Zeitgenossen retrospektiv, nach der Reichsgründung, so sahen. Bismarck übernahm die Verantwortung für die preußische Politik in einer Situation, in der sich Preußen einer österreichischen Offensive zur Reform des Deutschen Bundes ausgesetzt sah. Der Habsburgermonarchie kam in ihrer deutschen Politik der – wenn auch begrenzte – liberale Kurswechsel zugute, der in Wien als Reaktion auf die Niederlage in Italien mit dem Februarpatent von 1861 und der Berufung eines liberalen Ministerpräsidenten vollzogen worden war. Hingegen war Preußens nationales Image durch den Verfassungskonflikt schwer belastet – ein Eindruck, den Bismarck noch verstärkte durch seine Kooperation mit dem Zarenreich bei der Niederschlagung des polnischen Aufstandes vom Januar 1863 und mit dem von ihm bei König Wilhelm I. mühsam durchgesetzten Boykott des Fürstentages, zu dem der österreichische Kaiser Franz Joseph die deutschen Monarchen für den 17. August 1863 nach Frankfurt am Main eingeladen hatte.

Auch als der schon seit Mitte der 1850er Jahre wieder schwelende Schleswig-Holstein-Konflikt 1863 mit dänischen Maßnahmen zur Integration Schleswigs in den dänischen Nationalstaat und mit dem Tod des kinderlosen dänischen Königs in eine heiße Phase eintrat, bewegten sich Bismarck und die preußische Politik keineswegs im Sinne der liberal und national orientierten deutschen Öffentlichkeit. Diese forderte zusammen mit vielen Klein- und Mittelstaaten, die Elbherzogtümer unter dem als liberal geltenden Prinz Friedrich von Augustenburg von Dänemark abzuspalten und auch Schleswig in den Deutschen Bund einzugliedern, was aber ebenso wie das dänische Vorgehen gegen das Londoner Protokoll von 1852 verstoßen hätte und eine Intervention der Großmächte heraufbeschwören musste. Gerade um dies zu vermeiden und um den Konflikt nicht in einen Nationalkrieg mit unkalkulierbarer Dynamik abgleiten zu lassen, bezog Bismarck eine strikt europäische Position und berief sich auf das von Preußen mitunterzeichnete Londoner Protokoll. Dieses Vorgehen ließ auch Österreich, wollte es nicht wider die eigenen Interessen mit der Nationalbewegung paktieren, kaum eine andere Möglichkeit, als an die Seite der eben noch heftig befehdeten Hohenzollernmonarchie zu treten. Nach einem gemeinsamen Ultimatum gegen Dänemark führten beide deutschen Großmächte ab dem 1. Februar 1864 zusammen den Krieg im Norden – militärisch wie auch diplomatisch erfolgreich und mit dem Ergebnis, dass der dänische König im Frieden von Wien vom Oktober 1864 seine Rechte an den Herzogtümern Schleswig, Holstein und Lauenburg an den österreichischen Kaiser und den preußischen König abtrat. Bismarck hatte damit nicht nur die deutschlandpolitische Offensive Wiens abgewehrt, sondern «Österreich in Schleswig-Holstein die ‹preußische Schlinge›» übergeworfen (Heinrich Lutz).

Denn mit der gemeinsamen Verwaltung der Elbherzogtümer war ein Handlungsfeld eröffnet worden, auf dem Preußen – schon aus geographischen Gründen – nahezu alle Trümpfe in seiner Hand hielt. Seither steuerte die Entwicklung trotz der formellen Kooperation beider Mächte auf einen entscheidenden Konflikt zu. Zunächst waren beide Seiten noch um ein jeweils für sie vorteilhaftes Arrangement bemüht: Während die österreichische Politik bestrebt war, Preußen mit Offerten in Schleswig-Holstein in seine Italienpolitik hineinzuziehen und damit in eine Rolle als Juniorpartner zu drängen, versuchte Bismarck, eine Teilung der Interessensphären in Deutschland und die Anerkennung der preußischen Gleichberechtigung zu erreichen. Das traf in Wien jedoch auf den entschiedenen Widerstand der großösterreichisch-antipreußischen Richtung, die sich in Überschätzung der eigenen Stärke die Lösung aller finanziellen und politischen Probleme der Habsburgermonarchie von einem Krieg und Sieg über Preußen versprach. Der so bereits 1865 drohende Waffengang konnte mit der am 14. August geschlossenen Konvention von Gastein gerade noch einmal abgewendet werden, nach der künftig Schleswig von Preußen und Holstein von Österreich verwaltet werden sollte, während Lauenburg gegen eine Geldzahlung an Preußen fiel.

Aber das war nur ein Aufschub, der wiederum von beiden Konfliktparteien dazu genutzt wurde, die Rahmenbedingungen für den einkalkulierten Krieg im eigenen Sinne zu verbessern. Mit einer Einmischung Großbritanniens und Russlands war kaum zu rechnen. Doch während Österreich die erstrebte Neutralität Frankreichs mit der Abtretung Venetiens auch im Falle des Sieges erkaufte, gelang es Bismarck, sich gegenüber den französischen Kompensationsforderungen nicht festzulegen. Zugleich sicherte sich Preußen mit einem befristeten Offensivbündnis die italienische Unterstützung.

Seit Anfang April 1866 steuerten beide deutschen Großmächte mit gezielten Provokationen auf den bewaffneten Konflikt zu. Der Form nach begann er am 14. Juni auf österreichischen Antrag als Exekution des Deutschen Bundes gegen Preußen. Obwohl alle größeren deutschen Staaten auf Seiten Österreichs standen und Preußen nur von den norddeutschen Kleinstaaten unterstützt wurde, so dass die Mehrzahl der Zeitgenossen mit einer preußischen Niederlage rechnete, wurde der «Bruderkrieg» bereits nach drei Wochen am 3. Juli in der Schlacht von Königgrätz in Böhmen zugunsten Preußens entschieden. Den Ausschlag gaben der schnelle Aufmarsch der Preußen mit Hilfe der Eisenbahn, ihre militärtechnische Überlegenheit und – nach der Heeresreform – bessere Organisation und größere Truppenstärke. Dennoch hing die Entscheidung für Preußen, so sehr sie später vielen Zeitgenossen und Nachgeborenen als historisch geradezu zwangsläufig erschien, in Königgrätz an einem seidenen Faden.

Dem kurzen Krieg folgte auf nachhaltiges Drängen Bismarcks ein schneller Friedensschluss, durch den eine Einmischung anderer Mächte, namentlich Frankreichs, verhindert werden sollte. Gegen seinen König setzte Bismarck durch, dass die Habsburgermonarchie nur eine maßvolle Kriegsentschädigung zahlen und außer Venetien keine territorialen Verluste hinnehmen musste – eine schonende Behandlung, die zugleich die Perspektive einer künftigen Wiederannäherung beider Mächte eröffnete. Umso härter fiel die Abrechnung mit den norddeutschen Kriegsgegnern aus: In Hannover, Kurhessen und Nassau wurden legitime Dynastien vom Thron gestoßen und deren Gebiete ebenso wie die Freie Stadt Frankfurt von Preußen annektiert; dazu kamen noch Schleswig und Holstein. An die Stelle des Deutschen Bundes, dessen Auflösung Wien zu akzeptieren hatte, trat ein Norddeutscher Bund, also der Zusammenschluss aller deutschen Staaten nördlich der Mainlinie unter preußischer Führung; mehr war ohne die Gefahr einer französischen Intervention nicht zu erreichen; die künftige Gestaltung Süddeutschlands blieb offen.

Auf der Basis dieser grandiosen Erfolge seiner Politik konnte Bismarck nun auch darangehen, die inneren Probleme Preußens zu lösen und den Verfassungskonflikt beizulegen. Indem er der Opposition mit der «Indemnitätsvorlage», der Bitte um Entlastung für das Regieren ohne parlamentarisch verabschiedeten Haushalt in den zurückliegenden vier Jahren, einen großen Schritt entgegenging, gelang es ihm, die Mehrheit der Opposition, die nun bereits die Schaffung eines deutschen Nationalstaates zum Greifen nahe sah, auf seine Seite zu ziehen. 72 von 135 Abgeordneten der Opposition stimmten am 3. September 1866 im Abgeordnetenhaus für die Vorlage und damit für eine Kooperation mit Bismarck. Das bedeutete die Spaltung der liberalen und nationalen Bewegung. Während die Minderheit in der Fortschrittspartei und in der Oppositionsrolle zurückblieb, organisierte sich die Mehrheit jetzt in der neuen «Nationalliberalen Partei» und wurde in der Folgezeit – zusammen mit den von den preußischen Konservativen abgespaltenen «Freikonservativen» – zum wichtigsten parlamentarischen Bündnisgenossen Bismarcks und zur tragenden parteipolitischen Kraft des Norddeutschen Bundes beziehungsweise dann auch des Kaiserreiches.

Den Nationalliberalen ist schon von ihren ehemaligen linksliberalen Mitstreitern vorgeworfen worden, sie hätten die liberalen Ziele verraten, indem sie die Gleichrangigkeit der Ziele eines liberalen Verfassungsstaates und eines deutschen Nationalstaates aufgegeben und sich – anders formuliert – die Freiheit um der Einheit willen hätten abkaufen lassen. Daran ist sicher so viel richtig, dass Bismarck es verstand, die nationalen Zielsetzungen in seinem Sinne zu instrumentalisieren und für lange Zeit ein Übergewicht der monarchisch-bürokratischen Exekutive gegenüber der Volksvertretung festzuschreiben. Aber von einer Kapitulation der Nationalliberalen vor Bismarck kann dennoch keine Rede sein, waren sie doch zutiefst überzeugt, dass der neue Nationalstaat eine ungleich bessere Basis für die Durchsetzung der liberalen Ziele bieten werde, dass also die Einheit unaufhaltsam die Freiheit nach sich ziehen werde.

Mit den Ereignissen des Jahres 1866 waren Entscheidungen gefallen, die bereits wesentliche Züge der Reichsgründung von 1870/71 vorwegnahmen und für die weitere Entwicklung des deutschen Nationalstaates von zentraler Bedeutung blieben: Mit dem preußischen Sieg setzte sich definitiv die kleindeutsche Lösung anstelle des bisherigen Dualismus, des blockierenden Gegensatzes, der beiden deutschen Großmächte durch. Der Deutsche Bund war gesprengt, Österreich schied gewissermaßen aus Deutschland aus, eine Entscheidung, die sich – sieht man von den Jahren der nationalsozialistischen Diktatur ab – als dauerhaft erwiesen hat. Damit war auch das Ende des großdeutschen Flügels der Nationalbewegung gekommen, wenngleich in Süddeutschland ein Antiborussismus linksliberal-demokratischer Provenienz fortbestand. Der Norddeutsche Bund war in seiner inneren Ordnung und seinen innenpolitischen Konstellationen schon weitgehend identisch mit dem späteren Reich. Und zumindest militärisch waren die süddeutschen Staaten über unkündbare «Schutz- und Trutzbündnisse», die Preußen im August 1866 mit ihnen geschlossen hatte, bereits eng an den Norden angebunden.

Auf der anderen Seite war unübersehbar, dass die mit dem Norddeutschen Bund geschaffene Konstruktion höchst instabil war. Nicht nur die Nationalbewegung drängte auf die Vollendung des Nationalstaats, auch Bismarck musste bestrebt sein, die unklare Stellung der süddeutschen Staaten zu beenden und den preußischen Machtzuwachs auf Dauer zu sichern. Einen wichtigen Ansatzpunkt bot die wirtschaftliche Zusammenarbeit im Zollverein. Bei dessen Erneuerung 1867 wurde der Süden einen Schritt weiter mit Preußen und dem Norden verknüpft, indem mit dem Zollbundesrat und dem Zollparlament ähnliche Institutionen wie im Norddeutschen Bund geschaffen wurden. Allerdings zeigte sich bei den Wahlen zum Zollparlament im Februar/März 1868 in dem schlechten Abschneiden der kleindeutsch-preußisch orientierten Parteien in Süddeutschland, dass noch ein weiter Weg der politischen Annäherung zu gehen war, bis aus dem Zollverein der Nationalstaat hätte herauswachsen können.

Zudem war spätestens seit dem Frühjahr 1867, als Bismarck die Bemühungen des französischen Kaisers Napoleon III. vereitelt hatte, sich als Preis für seine Zustimmung zu den neuen Machtverhältnissen in Mitteleuropa das Großherzogtum Luxemburg einzuverleiben, unübersehbar, dass die deutsche Einheit nur in einem Krieg gegen Frankreich vollendet werden könne. Die Möglichkeit, die Entwicklung in diesem Sinne zu forcieren, ergab sich für Bismarck aus dem Streit um die hohenzollernsche Kandidatur für den seit 1868 vakanten spanischen Thron. Vor der europäischen Öffentlichkeit stand das Frankreich Napoleons III. am Ende als der Angreifer da. Doch kann man festhalten, dass keine Seite «innerlich widerstrebend in diesen Krieg hineingestolpert oder gar hineingerissen» wurde (Lothar Gall), sondern dass beide Seiten die militärische Entscheidung suchten. Bismarck aber gelang es, den Waffengang in Deutschland, und zwar auch im Süden, von Anfang an als einen Verteidigungs- und als einen nationalen Krieg erscheinen zu lassen.

Mit ihm wurde also in Deutschland sogleich die Erwartung verbunden, dass er – wie es in einem Aufruf der Nationalliberalen vom Juli 1870 «an das deutsche Volk» hieß – «unter allen Umständen die volle deutsche Einheit» bringen werde. Mit jedem deutschen Kriegserfolg und vor allem als Folge des Sieges bei Sedan am 2. September 1870, als das französische Hauptheer kapitulierte und Napoleon III. in Gefangenschaft geriet, verstärkten sich die nationalen Erwartungen und erhöhte sich der Druck der öffentlichen Meinung auf die Regierungen und Monarchen der süddeutschen Staaten, nun die deutsche Einheit nicht länger zu verzögern.

In Frankreich war inzwischen als Konsequenz aus der Niederlage bei Sedan die Republik ausgerufen worden. Die neue republikanische Regierung unterbreitete bereits wenige Tage später ein Friedensangebot, das ausdrücklich die Billigung einer deutschen Nationalstaatsgründung enthielt. Damit hätte der Krieg eigentlich Mitte September beendet sein können, zumal auch aus Bismarcks Sicht die Zeit drängte, da eine Intervention der anderen europäischen Mächte jetzt keineswegs ausgeschlossen werden konnte. Dass der Krieg dennoch fortgesetzt wurde, lag vor allem am Streit um das Elsass und Lothringen, deren Annexion von deutscher Seite gefordert wurde, während die französische Regierung auf der territorialen Integrität des Landes auch in der Stunde der Niederlage beharrte.

So wurde der Krieg nach Sedan, und zwar mit zunehmender Härte, weitergeführt. Erst am 28. Januar 1871 konnte – längst war Paris von den deutschen Armeen eingeschlossen und wochenlang bombardiert worden – ein Waffenstillstand geschlossen und am 10. Mai 1871 im Friedensvertrag von Frankfurt am Main besiegelt werden. Die beiden wichtigsten Regelungen waren die Abtretung des Elsass und von Teilen Lothringens und die Verpflichtung zur Zahlung einer Kriegsentschädigung in Höhe von 5 Milliarden Goldfrancs. Es kann auch im Nachhinein nicht gesagt werden, ob das französische Streben nach einer Revanche für die Niederlage von 1870/71 ohne den Stachel der Annexion nach und nach zurückgegangen und letztlich geschwunden wäre. Aber daran, dass die Annexion diese Revanchegelüste angefacht und die außenpolitische Stellung des neu gegründeten Reiches schwer belastete, gibt es kaum Zweifel.

Mittlerweile waren die Verhandlungen mit den süddeutschen Staaten über die Nationalstaatsgründung vorangetrieben und mit Hilfe einiger Zugeständnisse insbesondere an Bayern Ende November 1870 zum Abschluss gebracht worden. Die Reichsgründung ging also der Form nach aus Verträgen zwischen dem Norddeutschen Bund und den süddeutschen Staaten hervor. Doch an ihrem Zustandekommen war die nationale Bewegung maßgeblich beteiligt – konkret insofern, als diese Verträge im norddeutschen Reichstag und in den süddeutschen Parlamenten ratifiziert werden mussten, aber auch in dem allgemeineren Sinne, dass sie den Nationalstaat in einer Intensität erstrebt und dafür Unterstützung mobilisiert hatte, dass sich auch andere politische Kräfte dem nicht entziehen konnten.

Das Reich von 1871 ging mithin gleichermaßen aus einem breit fundierten Prozess der Nationsbildung und einer «Revolution von oben» hervor. Dieses «Doppelgesicht der deutschen Nationalstaatsgründung» (Dieter Langewiesche) prägte die politische Ordnung des Kaiserreiches. Das Bismarckreich war kein freiheitlich-parlamentarischer Nationalstaat im liberalen Sinne. Dennoch bedeutete seine Begründung einen wichtigen Schritt in diese Richtung und verwirklichte zentrale Ziele der liberalen und nationalen Bewegung. Darüber konnte auch die ganz im Sinne der monarchisch-bürokratischen Führung und des Militärs gehaltene Zeremonie der Kaiserproklamation in Versailles am 18. Januar 1871 nicht hinwegtäuschen.

III. Das imperiale Zeitalter (1871–1914)

Manchem älteren national bewegten Liberalen wie dem Historiker Heinrich von Sybel erschien die Reichsgründung als Endpunkt seines politischen Wollens und Erfüllung des eigenen Lebens. Den glücklich gewonnenen Nationalstaat galt es – so war auch aus dem Munde des «Reichsgründers» Otto von Bismarck nun unablässig zu vernehmen – zu erhalten, nach innen zu festigen und nach außen abzusichern, durch entschlossene Abwehr der «Reichsfeinde», aber auch durch Selbstbescheidung und eine Politik des Augenmaßes. Gegen eine solche Sicht standen freilich nicht nur der Enthusiasmus und das überbordende Selbstbewusstsein der Jüngeren, die die Reichsgründung als Anfang, als Aufbruch zu neuen Ufern sahen.

Vielmehr wurde das Deutsche Reich in ein Zeitalter hinein gegründet, das durch Dynamik und Expansion gekennzeichnet war: im Übergang zur Hochindustrialisierung, im forcierten Wandel zu einer urbanen Massengesellschaft, in der wissenschaftlichen und kulturellen Blüte mit der Infragestellung vieler alter Gewissheiten. Überall beschleunigten sich die Veränderungen so sehr und erreichten eine solche Intensität, dass an ein bloßes Bewahren des Bestehenden, zumal im Rahmen des neuen Nationalstaates, nicht zu denken war.

Denn zum eigentlichen Signum der Epoche wurde die rasch wachsende globale Verflechtung: in Handel und Verkehr, in den Wanderungsbewegungen, in der Kommunikation. Entscheidend vorangetrieben wurde diese erste Phase der Globalisierung durch die überseeische Expansion und weltweite Konkurrenz der europäischen Mächte. Um 1900 befand sich die imperiale Herrschaft Europas über die Welt auf ihrem Höhepunkt. In diesem Umfeld war das Deutsche Reich der dynamischste Faktor: in seiner Bevölkerungsentwicklung, in seiner Wirtschaftskraft und Exportstärke, in seinen wissenschaftlichen Innovationen und nicht zuletzt in der Rolle des Newcomers in der imperialistischen Konkurrenz.

Diese Konkurrenz wirkte auf den europäischen Kontinent nicht nur mächtepolitisch zurück und ist insofern ein Stück Vorgeschichte des Ersten Weltkriegs. Auch mit der inneren Entwicklung Deutschlands und seiner europäischen Nachbarn war sie unauflöslich verknüpft: mit der florierenden und expandierenden Wirtschaft, mit der gesellschaftlichen Mobilität und Dynamik und vor allem mit dem beschleunigten politischen Wandel, dem Übergang zur demokratischen Massenpolitik ebenso wie der Ausweitung staatlicher Macht und Effizienz. Die imperiale Rivalität war integraler Bestandteil des Durchbruchs der Moderne, den Deutschland um 1900 erlebte, und insofern die zentrale Signatur des Zeitalters.

1. Das Reich in Europa und der Welt

Kurz nach der Reichsgründung, am 9. Februar 1871, erklärte Benjamin Disraeli, der Führer der britischen Konservativen und langjährige Premierminister, vor dem Unterhaus über den deutsch-französischen Krieg und seine Folgen: «Dieser Krieg bedeutet die deutsche Revolution, ein größeres politisches Ereignis als die Französische Revolution des vergangenen Jahrhunderts. [...] Es gibt keine einzige diplomatische Tradition, die nicht hinweggefegt worden ist. Wir haben eine neue Welt, neue Einflüsse am Werk, neue und unbekannte Größen und Gefahren, mit denen wir fertig werden müssen und die zur Zeit, wie alles Neue, noch undurchschaubar sind. [...] Das Gleichgewicht der Macht ist völlig zerstört worden und das Land, das am meisten darunter leidet und das die Auswirkungen dieses großen Wandels am meisten spürt, ist England.»

An eine solche Sicht der Reichsgründung und der Stellung des Deutschen Reiches im europäischen Mächtesystem mussten sich die deutsche Außenpolitik und ihr verantwortlicher Leiter Bismarck erst allmählich gewöhnen. Natürlich war Bismarck von vornherein bewusst, dass die Ausweitung der bisherigen preußischen Machtstellung und die Entstehung einer neuen Großmacht in Mitteleuropa anstelle des lockeren und außenpolitisch handlungsunfähigen Deutschen Bundes das bestehende Gleichgewicht der Mächte nachhaltig erschütterte. Er wurde deshalb nicht müde, sogleich nach der Reichsgründung bei jeder sich bietenden Gelegenheit zu betonen, dass dieses neue Reich «saturiert» sei, dass es keine weiteren Gebietsansprüche stelle und dass es seine, wie man auch gesagt hat, halbhegemoniale Stellung auf dem Kontinent keineswegs weiter ausbauen wolle. Aber ein konkretes Konzept, wie sich die Existenz des Deutschen Reiches europaverträglich gestalten ließ und wie sich dennoch dessen genuine außenpolitische Interessen vertreten ließen, entwickelte Bismarck erst nach und nach unter dem Eindruck verschiedener internationaler Krisen.

In der einen – der Krieg-in-Sicht-Krise vom April 1875, in der Bismarck dem sich nach der Kriegsniederlage wirtschaftlich und militärisch rasch erholenden Frankreich indirekt gedroht hatte – hatten Großbritannien und Russland unmissverständlich klargestellt, dass sie eine weitere Verschiebung der Kräfteverhältnisse zugunsten Deutschlands nicht hinnehmen würden. Und die andere, die seit 1875 schwelende und im April 1877 in einen offenen Krieg mündende Orient-Krise, hatte dem Reichskanzler reichliches Anschauungsmaterial geboten, um am 15. Juni 1877 die Grundlinien seiner künftigen Außenpolitik im berühmten «Kissinger Diktat» schriftlich niederzulegen.

Bismarcks Ausgangspunkt war die Sorge, es könne Frankreich, von dessen dauerhafter Feindschaft er nach der demütigenden Niederlage und dem Verlust von Elsass-Lothringen überzeugt war, gelingen, übermächtige Koalitionen gegen das Reich zu bilden. Deshalb sah Bismarck die zentrale Aufgabe der deutschen Außenpolitik darin, die Spannungen zwischen den europäischen Mächten von der Mitte, wo sie sich direkt gegen Deutschland richteten, an die Peripherie, und das hieß vor allem: auf den Balkan, abzuleiten. Hier biete sich die Chance, die Lebensinteressen der anderen Mächte auf Kosten der Türkei so weit zu befriedigen, dass sich auf längere Sicht das europäische Gleichgewicht stabilisieren lasse. Das Reich, das hier wenig engagiert sei, erhalte so die Chance, zum gesuchten Bundesgenossen zu werden, während es zugleich darauf achten könne, die Rivalitäten der anderen Mächte so weit zu erhalten, dass diese zu Bündnissen gegen Deutschland durch ihre Interessengegensätze unfähig seien. In den Worten Bismarcks war das Ziel die Schaffung «einer politischen Gesamtsituation, in welcher alle Mächte außer Frankreich unsrer bedürfen, und von Koalitionen gegen uns durch ihre Beziehungen zueinander nach Möglichkeit abgehalten werden».

Entsprechend dieser Konzeption versuchte Bismarck auf dem Berliner Kongress im Juni/Juli 1878, die Rolle «eines ehrlichen

Maklers» zu spielen, «der das Geschäft», den Ausgleich der verschiedenen Interessen, «wirklich zustande bringen will». In der Tat gelang es ihm, den durch die russische Expansion auf dem Balkan gefährdeten europäischen Frieden zu erhalten, indem Russland einen Teil seiner zuvor im Krieg gegen die Türkei gewonnenen Beute wieder hergeben musste und die anderen Mächte für den russischen Machtzuwachs territorial kompensiert wurden. Mit dieser diplomatischen Meisterleistung befand sich Bismarck auf dem Höhepunkt seines außenpolitischen Einflusses und Ansehens.

Nur in Russland hinterließ das Kongressergebnis tiefe Unzufriedenheit und führte zu einer nachhaltigen Verstimmung gegenüber dem Deutschen Reich. Insofern wurden schon in der Stunde des Erfolges auch die immanenten Grenzen und Probleme der außenpolitischen Konzeption Bismarcks überdeutlich. Bismarck war mehr als jeder andere Außenpolitiker in Europa gezwungen, permanente Krisenbewältigung zu betreiben und das angestrebte Gleichgewicht immer wieder neu auszutarieren.

In der Situation der Jahre 1878/79 hieß das vor allem, dass Bismarck die Annäherung an Österreich-Ungarn suchte, die im Oktober 1879 zum Abschluss des Zweibundes führte. Dieses Bündnis – wie die meisten Bündnisverträge dieser Epoche ein geheimes Abkommen und ein reines Defensivbündnis für den Kriegsfall – erwies sich letztlich, nicht zuletzt vor dem Hintergrund der nationalen Gemeinsamkeiten zwischen beiden Staaten, als eine Konstante der deutschen Außenpolitik bis hinein in den Ersten Weltkrieg. Aber bei seinem Abschluss war es zunächst kaum mehr als der Versuch, einer drohenden russisch-französischen Annäherung eine engere Bindung an Österreich-Ungarn entgegenzusetzen und es auf keinen Fall zu einer Dreierkoalition aus Russland, Frankreich und Österreich-Ungarn kommen zu lassen. Tatsächlich trat die von Bismarck gewünschte Wirkung insofern ein, als sich Russland 1881 mit dem Dreikaiservertrag zu einer Erneuerung der Verbindung zwischen den drei Ostmächten überreden ließ.

Nur mit erheblichen Kraftanstrengungen gelang es dem Reichskanzler in den rasch aufeinander folgenden Krisen der

1880er Jahre, die Stellung des Deutschen Reiches gegenüber den europäischen Mächten immer wieder zu stabilisieren. Die Mittel dazu wurden jedoch immer komplizierter und künstlicher. Dies galt bereits für die komplexe Vertragskonstruktion des seit 1881/82 voll entwickelten Bismarck'schen Bündnissystems. In ihm stand das Reich im Zentrum sowohl einer durch den Dreikaiservertrag gebildeten östlichen Bindung als auch eines westlichen Bündnisses, dessen Kern, der Zweibund mit Österreich-Ungarn, 1882 um Italien zum Dreibund erweitert worden war. Es galt aber noch mehr für den deutsch-russischen Rückversicherungsvertrag vom 18. Juni 1887, mit dem Bismarck nach dem Auslaufen des Dreikaiservertrages Russland Zusagen machte, die im Widerspruch zu den vertraglichen Verpflichtungen des Reiches gegenüber anderen Mächten standen.

Vor allem regte sich jedoch in Deutschland immer stärkerer Widerstand gegen eine bloße Behauptung der 1871 errungenen Machtstellung, die angesichts der globalen Expansion der anderen Mächte mit einem relativen Machtverfall des Reiches einhergehen musste. Überhaupt begann sich – wie überall in Europa – die Öffentlichkeit mehr und mehr als ein neuer, nicht mehr von den Regierungen gesteuerter und zu steuernder Mitspieler auf der außenpolitischen Bühne bemerkbar zu machen. Besonders lautstark meldeten sich seit den späten 1870er Jahren die Kolonialenthusiasten zu Wort und begannen sich in neuen Agitationsverbänden schlagkräftig zu organisieren.

Bismarck, der sich lange gegen kolonialpolitische Ambitionen mit dem Argument gewehrt hatte, seine «Karte von Afrika» liege «in Europa», die deutsche Mittellage zwischen Frankreich und Russland bilde die zentrale Herausforderung deutscher Außenpolitik, kam der Kolonialbewegung 1884/85 für eine begrenzte Zeitspanne entgegen. In einem allgemeinen Wettlauf der europäischen Mächte um Afrika erwarb auch das Deutsche Reich koloniale Ansprüche in West-, Südwest- und Ostafrika, dazu kleinere Gebiete in und bei Neuguinea. Danach erlahmte das Interesse des Kanzlers an den «Schutzgebieten» ebenso schnell, wie es aufgekommen war, ließen sich doch die innen- und vor allem außenpolitischen Vorteile, die Bismarck sich von seiner Initiative versprochen hatte, nicht mehr erlangen, als sich speziell mit dem Kurswechsel der französischen Politik im März 1885 die Rahmenbedingungen fundamental änderten.

Hingegen verbanden große Teile der deutschen Öffentlichkeit, weit über die organisierte Kolonialbewegung hinaus, mit den viel bejubelten Erwerbungen hohe und höchste Erwartungen. Sie reichten von bevölkerungspolitischen Überlegungen in einer Zeit dramatisch hoher Auswandererzahlen und der Nutzung der Kolonien als Ventil für aufgestaute soziale Konflikte über weit ausgreifende wirtschaftliche und machtpolitische Visionen bis hin zu der Überzeugung, dass das Deutsche Reich überall in der Welt eine christliche und zivilisatorische Mission zu erfüllen habe.

Gegen Ende der 1880er Jahre erschien daher vielen Deutschen die Außenpolitik des Reichskanzlers als vollkommen zukunftslos. Gerade das, was mit Blick auf die nachfolgende Entwicklung die besonderen Leistungen der Bismarck'schen Politik ausmacht, dass sie nämlich in ihrer Beschränkung auf den Status quo, auf das Reich in den Grenzen von 1871, letztlich Friedenspolitik war, erschien den Zeitgenossen – auch den liberalen Parteien und dem sie tragenden Bürgertum – als wenig erträglich. Jedenfalls trug die negative Sicht der Zeitgenossen ebenso wie die in eine ganz ähnliche Richtung gehende Beurteilung der Bismarck'schen Innenpolitik schließlich entscheidend zum Sturz des Reichskanzlers 1890 bei.

Unter Bismarcks Nachfolgern Graf Caprivi und Fürst Hohenlohe begann eine Übergangszeit, in der zwar bereits – vor allem mit der Nichtverlängerung des Rückversicherungsvertrages mit Russland 1890 – leitende Prinzipien der bisherigen Gleichgewichtspolitik aufgegeben wurden, in der aber nach wie vor klassische Kontinentalpolitik betrieben wurde. Wie von Bismarck befürchtet, traten jedoch die negativen Wirkungen dieses Kurswechsels bereits in den Jahren 1893/94 in der Form einer russisch-französischen Annäherung ein, ohne dass auf der anderen Seite Verbesserungen in den Beziehungen zu Großbritannien zu verzeichnen gewesen wären.

Begleitet und forciert von der nationalistischen und imperialistischen Propaganda mitgliederstarker Agitationsverbände, von denen besonders die Deutsche Kolonialgesellschaft, der Alldeutsche Verband und der Deutsche Flottenverein zu nennen sind, und an der Spitze personifiziert und persönlich vorangetrieben durch den jungen Kaiser Wilhelm II. vollzog sich dann ab Mitte der 1890er Jahre der Aufbruch des Reiches in neue weltpolitische Dimensionen. Zur Leitformel dieser neuen Epoche deutscher Außenpolitik wurden die vielzitierten Worte des damaligen Staatssekretärs des Äußeren und späteren Reichskanzlers Bernhard von Bülow, vorgetragen am 6. Dezember 1897 vor dem Reichstag: «Die Zeiten, wo der Deutsche dem einen seiner Nachbarn die Erde überließ, dem anderen das Meer und sich selbst den Himmel reservierte, wo die reine Doktrin thront – diese Zeiten sind vorüber. [...] Wir wollen niemanden in den Schatten stellen, aber wir verlangen auch unseren Platz an der Sonne.» An die Stelle der Beschränkung auf den europäischen Kontinent und der von Bismarck vertretenen Selbstbescheidung trat also der Anspruch, Weltmacht zu werden und mit den etablierten Akteuren auf der weltpolitischen Bühne, vor allem mit Großbritannien, gleichzuziehen.

Das wichtigste Instrument der neuen weltpolitischen Rolle wie auch ihr zentrales Symbol war die Schlachtflotte, die seit 1897 mit großen Rüstungsprogrammen auf- und ausgebaut wurde. Weit über den Schutz deutscher Auslandsinteressen hinaus wurde die Flotte – das entsprach durchaus dem internationalen strategischen Diskussionsstand jener Zeit – als unbedingte Voraussetzung für den Weltmachtanspruch des Reiches gesehen. Der Flottenbau war, auch aufgrund des geschickten Agierens des Reichsmarineamtes unter Admiral Tirpitz im Hintergrund, überaus populär; breite Mehrheiten stimmten 1898 und 1900 im Reichstag den Flottenvorlagen zu, die zunächst den Bau von 19 Großkampfschiffen vorsahen.

Die konkreten Erfolge der neuen globalen Ausrichtung der deutschen Außenpolitik blieben jedoch gering. Der Kolonialbesitz wurde nur noch geringfügig erweitert, 1897 um das chinesische Kiautschou und 1898/99 um einige Pazifikinseln. Auch wurde das Reich in den überseeischen Gebieten durch die englische und französische Konkurrenz, das expansive Vorgehen der Deutschen vor Ort und vielfältige Konflikte mit der einheimischen Bevölkerung immer stärker in die politische und militärische Verantwortung hineingezogen und zu einer direkten staatlichen Verwaltung der Kolonien gezwungen. Doch alle weiteren, gerade auch ökonomischen Erwartungen, die mit den Kolonien verbunden worden waren, erfüllten sich nicht.

So blieb das zentrale Kennzeichen der wilhelminischen Weltpolitik – wie es auch bereits in Bülows Worten vom «Platz an der Sonne» anklingt – die Unbestimmtheit ihrer Ziele. Sie richtete sich weniger auf konkrete Erwerbungen als auf Prestigegewinne, versuchte sprunghaft hier und dort politische Vorteile für das Deutsche Reich zu erringen und scheute zu diesem Zweck auch nicht davor zurück, in raschem Wechsel mal die eine, mal die andere Großmacht gegen sich aufzubringen. Trotz oder auch gerade wegen ihres aggressiven, lauttönenden Auftretens fand diese Spielart des Imperialismus breite Unterstützung in der deutschen Öffentlichkeit. Die Strategie, wie es der Linksliberale Friedrich Naumann einmal formulierte, «irgend etwas in der Welt erobern zu wollen, um selbst etwas zu sein», entsprach der Stimmungslage der «späten» Nation Deutschland. Doch musste sie unter den besonderen Bedingungen der machtpolitischen Stellung des Reiches fatale Wirkungen entfalten.

Dies galt zunächst einmal in dem Sinne, dass alle auf Bismarck zurückgehenden Überlegungen, die Spannungen zwischen den europäischen Mächten von der Mitte des Kontinents weg auf die europäische und außereuropäische Peripherie zu lenken, in dem Moment obsolet wurden, in dem sich das Reich selbst in den Randzonen engagierte und in vielfältige neue Konflikte hineinsteuerte.

Zum Zweiten wirkte das Deutsche Reich als eine neu und relativ spät aufstrebende Macht durch seine präpotente Art des Auftretens wie auch durch das bloße Gewicht seiner demographischen und ökonomischen Dynamik – immerhin war das Reich auf vielen Feldern gerade im Begriff, den bisherigen europäischen Spitzenreiter Großbritannien zu überholen und hinter sich zu lassen – in extremem Maße als Störenfried, der einen

Abwehrreflex der etablierten Mächte auslösen und diese tendenziell näher zusammenführen musste.

Zum Dritten aber – und das war wohl der wichtigste Aspekt – mussten die weltpolitischen Ambitionen das Reich vor allem in vielfältige Gegensätze zu Großbritannien bringen, obwohl doch England nach der russisch-französischen Annäherung die einzige Macht war, durch die das Kräfteverhältnis zwischen Deutschland und Österreich-Ungarn auf der einen sowie Frankreich und Russland auf der anderen Seite austariert oder in diese oder jene Richtung verschoben werden konnte.

Trotz der antibritischen Stoßrichtung der wilhelminischen Weltpolitik und besonders des Flottenbaues gab es um 1900 für einen begrenzten Zeitraum Chancen zu einem Ausgleich zwischen dem Reich und Großbritannien: Die Briten sahen ihr Weltreich angesichts der wachsenden Konkurrenz anderer Mächte, Japans und der USA in Ostasien, Russlands in Ost- und Zentralasien, angesichts der Konfrontation mit Frankreich in Afrika und des Burenkrieges in Südafrika massiv bedroht. Aber auf ihre vorsichtigen Sondierungen, ob von deutscher Seite weltpolitische Unterstützung zu erwarten sei, gingen die Berliner Verantwortlichen nicht ein. Zu sicher waren sich diese, dass die britische Politik keine Alternative habe, zu überzeugt, dass der Preis durch eine abwartende Haltung in die Höhe getrieben werden und das Reich mehr als die Rolle des weltpolitischen Juniorpartners gewinnen könne. Doch das Kalkül ging nicht auf. Völlig unerwartet verständigte sich Großbritannien mit seinen globalen Rivalen: 1904 schloss es mit Frankreich die informelle Entente cordiale, drei Jahre später konnte es auch mit Russland verschiedene weltpolitische Streitfragen beilegen.

Spätestens jetzt war Bülows Außenpolitik definitiv gescheitert. Deutschland war außenpolitisch weitgehend isoliert: Auf deutscher Seite sprach man von Einkreisung, aber man hatte sich in den Jahren seit Bismarcks Abgang weitgehend selbst ausgegrenzt. Mit der Idee, gewissermaßen im Windschatten der globalen Rivalitäten der anderen Mächte die eigene starke Stellung auf dem europäischen Kontinent zu einer gleichrangigen Weltmachtposition auszubauen, hatte das Reich den Blick der

Briten, Franzosen und Russen zurück auf Europa und auf die Gefahren gelenkt, die von einem nach Bevölkerungszahl und Wirtschaftskraft dramatisch expandierenden und hochgerüsteten Deutschland ausgingen.

Eine Abkehr von der Weltpolitik kam für das Deutsche Reich dennoch nicht in Frage. Mehr als je zuvor entsprach das Streben nach außereuropäischen Geländegewinnen und Kräftevorteilen der europäischen Normalität, entsprach dem Verhalten aller europäischen Mächte in dieser Epoche. Jedes Zurückweichen, ja, jede Verlangsamung der eigenen Anstrengungen musste negativ auf die kontinentale Machtstellung zurückwirken, ohne dass dafür ein Mehr an Sicherheit erreichbar zu sein schien.

Auch im Inneren war ein fundamentaler außenpolitischer Kurswechsel nicht durchsetzbar – und das nicht nur wegen der Haltung des flottenverliebten und auch in der auswärtigen Politik immer wieder selbstherrlich agierenden Kaisers oder wegen der nahezu unangreifbaren Stellung, die Admiral Tirpitz in Flottenfragen einnahm. Vielmehr blieb die Flottenbegeisterung einer breiten Öffentlichkeit – 1913 zählte der Flottenverein 1,1 Millionen Mitglieder – auch dann noch ungebrochen, als ab 1904/05 immer deutlicher zu Tage trat, dass die Flottenpolitik keines ihrer innen- und außenpolitischen Ziele erreichen würde, und obwohl darüber mit wachsender Skepsis diskutiert wurde.

Mehr noch: In den öffentlichen Diskursen um die Jahrhundertwende lässt sich ein tiefgehender Wandel des Nationsverständnisses beobachten. Unter dem Einfluss biologistischer Denkmuster wurden Nation und Volk nun in Analogie zur Natur als «Lebewesen» gesehen, «die in einem unablässigen Überlebenskampf um die Daseinsberechtigung den Stärksten ermittelten, dem dann der verdiente Primat zufiel» (Hans-Ulrich Wehler). Expansion war jetzt als Gewinnung von «Lebensraum» gewissermaßen in der Natur angelegt und rechtfertigte, um Stärke und rassische Reinheit des eigenen Volkes zu erhalten, ein radikales Exklusionsdenken. Dieser Rassismus bildete die Grundlage für die Entstehung einer neuen Form von Antisemitismus und fand auch Eingang in die Kolonialpolitik, etwa in dem Vernichtungskrieg, den deutsche Truppen 1904 in Deutsch-

Südwestafrika gegen die aufständischen Herero und Nama führten. Von diesem Radikalnationalismus lässt sich ferner eine direkte Linie hin zu den maßlosen Kriegszielen der Rechten im Ersten Weltkrieg ziehen.

In diesem Handlungsrahmen mussten sich fast zwangsläufig alle in Ansätzen bereits von Reichskanzler Bülow und dann vor allem von seinem Nachfolger Bethmann Hollweg unternommenen Anstrengungen, die deutsche Außenpolitik aus der Sackgasse zu führen, in einer Fülle von Widersprüchen verstricken. Bestrebungen, Entspannungspolitik etwa in Form von rüstungs- und kolonialpolitischen Absprachen zu treiben, standen neben aggressiven deutschen Vorstößen, die – wenn auch stets erfolglos – die Stabilität der gegnerischen Bündnisse austesten wollten und mit denen zugleich die lautstark in der deutschen Öffentlichkeit vorgetragenen Forderungen nach weltpolitischen Erfolgen befriedigt werden sollten. Ebenso wurden die nach wie vor starken Bemühungen um eine deutsch-englische Verständigung, die immerhin in einigen peripheren Fragen von Erfolg gekrönt waren, konterkariert durch den verschärften Rüstungswettlauf, der sich in Großbritannien mit dem Dreadnought-Sprung, der Einführung eines neuartigen Schlachtschiffstyps, 1906 und in Deutschland mit der Flottennovelle von 1908 beschleunigte und 1913 in Form von massiven Heeresverstärkungen von der See auf das Land übergriff.

Zur Vorkriegskonstellation zählte ferner die immer schnellere Abfolge der internationalen Krisen, der Kriegsdrohungen von wechselnden Seiten und der begrenzt geführten Kriege. Sie regte einerseits dazu an, mit Blick auf die bislang stets gelungene Konflikteinhegung und -beilegung auch im Juli 1914 die Lage entspannt zu sehen und auf das Einlenken der jeweils anderen Mächte zu setzen. Andererseits förderten die nahezu permanenten Krisen nicht nur in Deutschland die Vorstellung, dass ein großer Krieg über kurz oder lang unvermeidlich sein werde. Mehr und mehr kreiste die Diskussion der Öffentlichkeit, der Politiker und vor allem der Militärs nur noch um die Frage, wann denn die günstigste Gelegenheit gekommen sei, den als unvermeidbar erkannten Krieg zu führen und dann auch, «je eher, desto besser», wie der deutsche Generalstabschef Helmuth von Moltke formulierte, bewusst anzustreben. Über die Konsequenzen einer solchen Präventivkriegsstrategie, nämlich über das Ausmaß eines modernen Krieges, die zu erwartenden Schrecken und die verheerenden Folgen für den Verlierer, war man sich dabei vollkommen im Klaren.

Das alles verband sich im Falle des Deutschen Reiches mit einer höchst gefährlichen Bündnissituation, in der als einziger verlässlicher Partner, nachdem Italien und Rumänien nur noch auf dem Papier als Verbündete betrachtet werden konnten, die krisengeschüttelte und ständig schwächer werdende Habsburgermonarchie geblieben war. In welchem Maße sich die deutsche Politik an Wien gebunden sah und bereit war, dessen riskante Politik auf dem Balkan zu unterstützen und zu decken, hatte sich erstmals in der bosnischen Annexionskrise 1908/09 gezeigt. Obwohl die deutsche Seite von dem österreichisch-ungarischen Vorgehen überrascht wurde, stand sie bedingungslos hinter dem Verbündeten und sicherte dessen aggressive Politik durch ein Ultimatum an Russland ab. Damit war ein wichtiger Präzedenzfall geschaffen, an dem sich auch das deutsche Handeln im Juli 1914 orientierte: In der Erwartung, dass der Verbündete gestärkt aus dem Konflikt hervorgehen werde, signalisierte Berlin Österreich-Ungarn nicht nur seine Rückendeckung für ein kriegerisches Vorgehen gegen Serbien, sondern drängte sogar zu entschiedenen Schritten.

Insofern war der Kriegsausbruch sicher nicht das Ergebnis einer groß angelegten Kriegsstrategie – dagegen sprach schon, dass das Reich die am meisten vom Außenhandel abhängige und am stärksten mit seinen künftigen Kriegsgegnern verflochtene europäische Großmacht war. Wohl aber resultierte der Krieg aus einer Politik des kalkulierten Risikos, gerade auch von deutscher Seite, die in den konkreten Abläufen der Julikrise und unter dem Zeitdruck, der eine Folge der militärischen Strategie war, grandios scheiterte. Hinzu kamen die langfristig aufgebauten Konfliktpotentiale und ergaben so eine Mischung an Kriegsursachen, deren Komplexität sich auch heute noch einer streng rationalen und stringent strukturierten Erklärung entzieht.

2. Obrigkeitsstaat und Demokratisierung

Das Bündnis zwischen preußischer Monarchie und Teilen der liberalen Nationalbewegung, das unter Führung Bismarcks den kleindeutschen Nationalstaat heraufgeführt hatte, prägte auch dessen innere Ordnung. Die Verfassung, die 1867 für den Norddeutschen Bund geschaffen worden war und 1871 im Kern unverändert für das Reich übernommen wurde, war ein höchst komplexes Gefüge. Mit ihrem Neben- und Gegeneinander von monarchischer Machtwahrung und parlamentarischer Mitsprache entsprach sie dem für das 19. Jahrhundert durchaus charakteristischen Typus der konstitutionellen Monarchie und war doch in ihrer konkreten Ausgestaltung Bismarcks ureigenstes Werk. Seine Handschrift war vor allem daran ablesbar, dass jede klare Entscheidung in den zentralen Rechts- und Machtfragen vermieden, dass alles «in ein absichtsvolles Dunkel gehüllt» (Hans Boldt) war.

Das betraf zunächst die bundesstaatliche Ordnung: Formal ging das Reich aus einem Bündnis von 22 souveränen Fürsten und drei freien Städten hervor. Preußen – der mit knapp zwei Dritteln der Fläche und Bevölkerung des Reiches bei weitem größte Einzelstaat – hatte sich nur wenige besondere Rechte wie die Personalunion zwischen preußischem König und dem Amt des Kaisers gesichert. Aber in der Verfassungswirklichkeit nahm Preußen eine hegemoniale Stellung ein. Das wichtigste Organ zur Durchsetzung seines Einflusses war der Bundesrat, zusammengesetzt aus den Bevollmächtigten der Bundesstaaten. Denn obwohl Preußen über weniger als ein Drittel der Stimmen verfügte, konnte es sich stets eine Mehrheit sichern. Sein Ministerpräsident war in der Regel auch der Regierungschef des Reiches; die preußischen Ministerien bildeten das Rückgrat der Reichsverwaltung.

Ähnlich verwickelt war das Verhältnis von Exekutive und Legislative gestaltet. Oberflächlich entsprach die Verfassung mit dem Kaiser an der Spitze der Exekutive, dem von ihm ernannten Reichskanzler und dem nach dem allgemeinen, gleichen Männerstimmrecht gewählten Reichstag als wichtigstem Legislativorgan der zeitgenössischen konstitutionellen Norm. Doch wurden auch hier die Dinge verkompliziert durch den Bundesrat, dessen Vorsitzender der Reichskanzler war und der in der Gesetzgebung gleichberechtigt neben dem Reichstag stand und zugleich durch seine exekutiven Befugnisse eine Art Kollektivregierung bildete. Für den Reichstag war die Exekutive nur über den Reichskanzler greifbar, dessen politische Verantwortlichkeit jedoch rechtlich nicht näher bestimmt war.

Im Ergebnis fiel daher der monarchisch-bürokratischen Exekutive ein deutliches Übergewicht zu. Letztlich liefen alle Fäden in der Hand des Reichskanzlers zusammen, jedenfalls solange er über das Vertrauen des Kaisers verfügte und wie Bismarck die Reichsverfassung zu handhaben wusste. Allerdings steckten in den Rechten des Parlaments, gegen dessen Willen kein Gesetz und kein Haushalt verabschiedet werden konnte, Entwicklungsmöglichkeiten. Sein Einfluss musste steigen, wenn Umfang und Bedeutung der Reichsgesetzgebung zunahmen und wenn es ihm gelang, seine Präsenz in der Öffentlichkeit als politisches Forum der Nation auszubauen; dafür bildete wiederum das allgemeine Wahlrecht eine wichtige Voraussetzung.

Unabhängig davon drängte die liberale Mehrheit des Reichstages schon früh auf Verfassungsänderungen, die die Kontrollrechte des Parlaments gegenüber der Exekutive stärken sollten, ohne jedoch den hartnäckigen Widerstand Bismarcks überwinden zu können, zumal die Nationalliberalen vor dem offenen Konflikt zurückscheuten. Zu wichtig war ihnen die bereits in der Zeit des Norddeutschen Bundes begonnene und aus ihrer Sicht höchst erfolgreiche Kooperation mit der Regierung beim inneren Ausbau des neuen Nationalstaates. Oft auf Initiative und unter maßgeblicher Beteiligung sachkundiger Parlamentarier entstand – von der gemeinsamen Währung über die Gewerbefreiheit und Freizügigkeit bis hin zum Strafgesetzbuch und zur Gerichtsverfassung – eine Fülle von Reformgesetzen, die die nationale Einheit im Sinne einer marktwirtschaftlichen Ordnung und eines liberalen Rechtsstaates vollendeten. Im Einzelnen mussten die Liberalen dabei um der Einheit willen manche Abstriche an ihren Zielen hinnehmen, doch am Ende der Reformära verfügte das Deutsche Reich über die im europäischen Vergleich modernste Wirtschafts- und Rechtsordnung.

In diese Reformpolitik fügte sich aus liberaler Sicht auch der von dem Linksliberalen Rudolf Virchow so genannte Kulturkampf ein. Konkret ging es in diesem Konflikt – wie in vielen europäischen Staaten – um eine Abgrenzung der Kompetenzen von Staat und Kirche; traditionelle kirchliche Tätigkeitsfelder wie das Schulwesen, das Standesrecht oder die Armenfürsorge sollten staatlich geregelt oder beaufsichtigt werden. Dahinter stand ein tiefgehender weltanschaulicher Dissens: Die Liberalen sahen in der katholischen Kirche, die im Ringen um ihre Selbstbehauptung in einer sich säkularisierenden Gesellschaft unter Papst Pius IX. ihre antimoderne Ausrichtung befestigte, ein fundamentales Fortschrittshindernis, das durch religiöse Indoktrination den Siegeszug von Bildung und Wissenschaft hemme und Teile der Mittel- und Unterschichten gegen die wirtschaftliche Modernisierung mobilisiere.

Verschärfend kamen im deutschen Fall die konfessionelle Spaltung und deren Verknüpfung mit der Nationalstaatsgründung hinzu, befanden sich doch die Katholiken im neuen protestantisch-liberal geprägten Reich in einer Minderheitenposition und fühlten sich in ihrer Bindung an das Papsttum massiv bedrängt. Umgekehrt erschien vor allem Bismarck die Gründung einer konfessionellen politischen Partei, des katholischen Zentrums, als ein bedrohlicher Angriff auf den jungen Nationalstaat. Zudem sahen sowohl Bismarck als auch die Nationalliberalen im Kampf gegen die katholische Kirche die Chance, ihre politische Zusammenarbeit zu festigen.

Alles das trug entscheidend dazu bei, dass die Auseinandersetzung mit außerordentlicher Schärfe ausgetragen wurde. Über die eigentlichen Reformgesetze hinaus griff der Staat massiv in innerkirchliche Belange ein und versuchte, den Widerstand von katholischer Seite auch mit rechtsstaatlich zweifelhaften Mitteln zu brechen. Auf dem Höhepunkt des Kampfes waren die meisten katholischen Orden verboten, ein Viertel der Pfarreien und die Mehrheit der Bischofsstühle nicht ordentlich besetzt und teilweise unter staatliche Zwangsverwaltung gestellt. Als

Folge der Repression rückte die katholische Bevölkerung jedoch immer stärker zusammen und bildete eine defensive Gegenkultur, ein spezifisch katholisches Milieu aus, dessen Zusammenhalt mit höchst modernen publizistischen und organisatorischen Strategien gesichert wurde. Als sein politischer Arm vermochte die Zentrumspartei bis zum Ende des Kaiserreiches einen nahezu konstant bleibenden Sitzanteil im Reichstag zu behaupten. Verlauf und Ergebnis des Kulturkampfes belegen zudem, dass im 19. Jahrhundert keineswegs nur ein linearer Prozess der Säkularisierung ablief, sondern dass dieser immer wieder durch Konfessionalisierungsschübe unterbrochen und gebremst wurde.

Während sich der Kulturkampf noch in vollem Gange befand, kam allerdings bereits ein politischer Umschwung in Gang, der das Koordinatensystem der Reichspolitik fundamental verschob. Auslöser war die im Herbst 1873 einsetzende Wirtschaftskrise, mit der der überhitzte Gründerboom abrupt in einem Börsencrash und in zahlreichen Unternehmenskonkursen endete. In Reaktion auf den konjunkturellen Einbruch formierten sich, ausgehend von der Schwerindustrie des Ruhrgebiets, neue wirtschaftliche Interessenverbände, die – wie der 1876 gegründete Centralverband Deutscher Industrieller – lautstark eine Abwendung von der bisherigen Freihandelspolitik und den Schutz der einheimischen Wirtschaft durch hohe Zölle forderten. Ab Mitte der 1870er Jahre schlossen sich dieser Bewegung auch Teile der Agrarwirtschaft an, die sich durch russische und amerikanische Getreideimporte bedroht sahen.

Gleich in mehrfacher Hinsicht setzte diese Entwicklung die Liberalen unter Druck. Die organisierten wirtschaftlichen Interessen zerrten an ihrem Zusammenhalt. Auch in einem allgemeineren Sinne stand das liberale Wirtschaftssystem jetzt in der Kritik. So regte sich, da die Juden als seine Exponenten galten, nun – nur wenige Jahre nach dem Abschluss der Judenemanzipation – ein neuer Antisemitismus. Die gesunkene Anziehungskraft ihrer Zukunftsvisionen spürten die Liberalen bald auch konkret in den Wahlergebnissen. Hingegen profitierten die bislang bismarckkritischen Konservativen, die sich 1876 in der

Deutschkonservativen Partei reorganisierten, und das Zentrum von der Wirtschaftskrise.

1878/79 kulminierte die Entwicklung in einem förmlichen politischen Kurswechsel, den Bismarck nach einer längeren Sondierungsphase gezielt inszenierte. Begonnen hatte sie 1875 mit der Ankündigung einer Finanzreform, die über Schutzzölle die wirtschaftliche Lage bessern sowie für das Reich steigende Einnahmen und eine größere finanzielle Unabhängigkeit von den Einzelstaaten bringen sollte. Zunächst hatte Bismarck vergeblich versucht, die mehrheitlich freihändlerisch eingestellten Nationalliberalen – sogar mit dem Angebot eines Ministeramtes – dafür zu gewinnen.

Eine neue Chance bot sich dem Reichskanzler im Frühsommer 1878 nach zwei Attentaten auf den Kaiser. Nachdem die erste Fassung eines Ausnahmegesetzes gegen die Sozialdemokratie, der Bismarck die Attentate anlastete, im Reichstag abgelehnt worden war, ließ der Reichskanzler unmittelbar nach dem zweiten Anschlag das Parlament auflösen, appellierte an die bürgerlichen Ängste vor dem sozialistischen Umsturz und übte so massiven Druck vor allem auf die Nationalliberalen aus. Im Oktober 1878 nahm eine Mehrheit aus Konservativen und Nationalliberalen das rechtsstaatlich bedenkliche «Sozialistengesetz» an, das die Unterdrückung sozialdemokratischer Vereine, Versammlungen und Presseorgane und auch Repressalien gegen Personen ermöglichte, aber die Sozialdemokraten nicht daran hinderte, sich an Wahlen zu beteiligen und in den Parlamenten vertreten zu sein. Die Wirkung der Sozialistenverfolgung war allerdings – ähnlich wie die des Kulturkampfes – eher kontraproduktiv, weil sie die sozialistisch orientierten Arbeiter zusammenschweißte und eine straff organisierte Oppositionsbewegung förderte.

Als dritter Schritt folgte im Juli 1879 nach langwierigen Verhandlungen die Verabschiedung eines Gesetzes, durch das die meisten Industrie- und Agrarprodukte mit Importzöllen belegt wurden. Als Mehrheitsbeschaffer diente Bismarck in diesem Fall das Zentrum, dessen föderalistische Kompensationsforderungen dem Kanzler ungefährlicher zu sein schienen als die konstitutionellen Wünsche des liberalen Lagers. Möglich war dies nur, weil Bismarck im Jahr zuvor, nach der Wahl des neuen Papstes Leo XIII., erste Schritte zu einer Milderung des Kulturkampfes eingeleitet hatte. Hingegen sahen sich die Nationalliberalen aus ihrer parlamentarischen Schlüsselstellung vertrieben. Zudem hatten die Zollfrage und das Sozialistengesetz so sehr an ihrem Zusammenhalt gezerrt, dass die Partei auf dem rechten wie auf dem linken Flügel Abspaltungen hinnehmen musste – eine Schwächung, von der sie sich in der Zeit des Kaiserreiches nicht mehr erholte.

Mit dem politischen Umschwung von 1878/79 war die liberale Ära definitiv beendet. Die Reichstagsmehrheit hatte sich nach rechts verschoben, doch die von Bismarck angestrebten stabilen Verhältnisse unter konservativem Vorzeichen stellten sich nicht ein. Die Reichstagswahlen 1881 und 1884 führten sogar zu einer oppositionellen Mehrheit aus Linksliberalen und Zentrum, die erst 1887 wieder durch eine konservativ-nationalliberale Majorität abgelöst wurde. Ähnlich wie in der auswärtigen Politik sah sich Bismarck daher auch im Inneren zu immer neuen Improvisationen gezwungen.

Das zeigt sich gerade auch an dem einzigen größeren und nicht zuletzt langfristig bedeutenden Reformwerk der späten Bismarck-Zeit, der Einführung obligatorischer Sozialversicherungen, mit der das Deutsche Reich «zum Pionierland in der Entwicklung eines modernen Systems der sozialen Sicherheit» (Gerhard A. Ritter) wurde. Seit Jahrhunderten war die soziale Fürsorge in erster Linie eine Aufgabe der Städte und Gemeinden gewesen, die auch die Hauptlast des Strukturwandels vor und während der Industrialisierung getragen hatten. Vor diesem Hintergrund stellten staatlich geregelte, durch Beiträge von Arbeitnehmern und Arbeitgebern finanzierte und auf dem Versicherungsprinzip beruhende Sozialleistungen einen fundamentalen Systemwechsel dar. Über die Motive Bismarcks ist viel gerätselt worden: Gewiss ging es ihm auch darum, die repressiven Maßnahmen des Sozialistengesetzes um eine positive, integrierende Komponente zu ergänzen und insofern eine Doppelstrategie zu verfolgen. Aber seine Initiative reagierte ebenso auf die offenkundigen sozialen Missstände. Und sie richtete sich gegen das liberale Staatsmodell, das auf freiwillige, gesellschaftlich organisierte Lösungen und hier speziell auf die Selbsthilfe der Arbeiter setzte. Dagegen stellte Bismarck die Idee eines monarchischen Staates, der sich paternalistisch der sozialen Probleme annimmt und umfassend die Sicherheit und Wohlfahrt seiner Bürger garantiert. Allerdings musste der Reichskanzler im Laufe des sich über fast zehn Jahre hinziehenden Entscheidungsprozesses einige Abstriche an seinem staatszentrierten Konzept hinnehmen. Die 1883 eingeführte Krankenversicherung, die 1884 verabschiedete Unfallversicherung und die 1889 beschlossene Invaliditäts- und Altersversicherung bauten überwiegend auf den schon vorhandenen Strukturen und auf der Selbstverwaltung der Betroffenen auf; einen Reichszuschuss, wie von Bismarck angestrebt, gab es nur bei der Invaliditäts- und Altersversicherung. Obwohl der Kreis der Berechtigten zunächst relativ eng gezogen und die Versicherungsleistungen gering waren, war damit der Einstieg in ein neuartiges System der sozialen Sicherung erfolgt, das bis zum Ersten Weltkrieg auf weitere Bevölkerungsgruppen ausgedehnt und organisatorisch weiterentwickelt wurde.

Mit seiner neuen Rolle in der Sozialpolitik und dem vorangegangenen massiven Eingreifen in das wirtschaftliche Geschehen über die Zollpolitik wuchs dem Staat mehr Macht zu. Er begann – wie der Anstieg der Staatsquote von drei auf 15 Prozent zwischen 1871 und 1914 zeigt – Interventionsstaat zu werden, wenngleich nur in ersten Schritten. Die Machtsteigerung kam vor allem Regierung und Bürokratie zugute und stärkte insofern den Obrigkeitsstaat. Auf der anderen Seite gingen die staatlichen Interventionen in hohem Maße auf Forderungen aus der Gesellschaft zurück, in der sich die verschiedenen Interessen verstärkt organisierten, die Bevölkerung mobilisierten und mit modernsten Mitteln Einfluss auf das Regierungshandeln zu nehmen versuchten. Behauptung und Ausbau des Obrigkeitsstaates und zunehmende Demokratisierung schlossen sich mithin zumindest zeitweilig keineswegs aus, sondern verliefen parallel und beförderten zusammen politische Konstellationen, in denen – wie sich schon in den 1880er Jahren andeutete – ein kraftvolles staatliches Agieren immer weniger durchsetzbar war.

Mit dem doppelten Thronwechsel des Jahres 1888 – von Wilhelm I. über seinen todkranken Sohn Friedrich III. zum Enkel Wilhelm II. – begann sich das Ende der Ära Bismarck abzuzeichnen. Während der Kanzler die innenpolitische Konfrontation und Repression forcierte, das Sozialistengesetz verschärfen wollte und eine von vielen Seiten geforderte Arbeiterschutzgesetzgebung blockierte, trat der junge Kaiser für einen Kurs der Integration und des Ausgleichs ein. Als dann noch in der Reichstagswahl vom Februar 1890 die Konservativen und die Nationalliberalen ihre Mehrheit verloren und die Sozialdemokraten nach Wählerstimmen zur stärksten Partei aufstiegen, war das Schicksal des Kanzlers besiegelt. Von Wilhelm II. massiv gedrängt, reichte Bismarck am 18. März 1890 – nach fast 28 Jahren an der Spitze der preußischen und deutschen Politik – sein Entlassungsgesuch ein. Das öffentliche Bedauern über seinen Abschied hielt sich in Grenzen; Theodor Fontane gab einer weit verbreiteten Stimmung Ausdruck, als er am 1. Mai 1890 an seine Frau schrieb: «Es ist ein Glück, daß wir ihn los sind, und viele, viele Fragen werden jetzt besser, ehrlicher, klarer behandelt werden als vorher.»

In der Tat zielte der «neue Kurs» unter Bismarcks Nachfolger General Leo Graf von Caprivi vor allem darauf, die innenpolitische Konfrontation und den durch sie verursachten Stillstand der späten Bismarck-Zeit zu überwinden – mit Hilfe maßvoller Reformen und einer ausgleichenden Rolle des Staates. So wurde das Sozialistengesetz im Oktober 1890 nicht verlängert, die lange diskutierte Arbeiterschutzgesetzgebung verabschiedet und ein System von Handelsverträgen geschlossen, das wieder stärker die Interessen der Industrie und der Konsumenten berücksichtigte. Aber an der schwierigen Grundkonstellation konnte auch Caprivi nichts ändern. Dass er bei den Konservativen an Rückhalt einbüßte, ohne beim Zentrum mehr Unterstützung zu gewinnen, und dass auch die Sozialdemokraten weiter an Wählerstimmen zunahmen, kostete ihn schließlich 1894 das Vertrauen des Kaisers und das Amt.

Überhaupt tendierte Wilhelm II. zunehmend dazu, in die Regierungspolitik direkt einzugreifen. Dahinter stand die Idee, das Nebeneinander von Kanzler und Kaiser, das ja zugleich auch ein Nebeneinander von politischer und militärischer Gewalt war, durch ein «persönliches Regiment», durch ein politisches Übergewicht des Monarchen zu ersetzen. Wilhelm II. kam zugute, dass er als dynamisch und modern wirkender, öffentlichkeitswirksamer Herrscher durchaus populär war. In der politischen Praxis aber war Wilhelm II. dem selbstgesetzten Anspruch keineswegs gewachsen. Seine zahlreichen, eher sprunghaften als planvollen Interventionen sorgten für Konfusion und begründeten – bis auf Ausnahmen wie in der Flottenpolitik – gerade keinen wesentlichen politischen Einfluss des Kaisers. Doch erst in der «Daily-Telegraph-Affäre», der Affäre um ein Interview des Kaisers mit einer britischen Zeitung, 1908 war der Aufschrei der Öffentlichkeit über die Grenzüberschreitungen des Monarchen so laut, dass Wilhelm II. zusagen musste, künftig den konstitutionellen Rahmen einzuhalten.

Weit wichtiger aber war die Fundamentaldemokratisierung, die um 1900 die politische Kultur des Reiches mit großer Dynamik veränderte. Immer mehr Deutsche aus allen Schichten nahmen aktiv am politischen Geschehen teil – zum einen, indem sie zunehmend von ihrem Stimmrecht Gebrauch machten. So stieg die Beteiligung an den Reichstagswahlen zwischen 1871 und 1912 von 51 auf 84,9 Prozent der Wahlberechtigten. Zwar war der demokratische Charakter der Wahl durch die seit 1871 nicht an die starken Bevölkerungsverschiebungen angepasste Wahlkreiseinteilung beschränkt, so dass für die Wahl eines Sozialdemokraten weit mehr Stimmen erforderlich waren als für die eines Konservativen. Aber die Wahlen selbst liefen, wie Analysen der Wahlpraxis gezeigt haben, weitgehend nach demokratischen Spielregeln ab, ohne Betrug, Bestechung oder Fälschung, auch ohne Gewalt. Seit 1903 war zudem das Wahlgeheimnis durch Wahlumschläge für die Stimmzettel und Wahlkabinen besser gesichert.

Zum anderen drängten die Deutschen in großer Zahl in wirtschaftliche Interessenverbände und politische Massenorganisationen. Angestoßen durch den Kulturkampf und die Sozialistenverfolgung waren zunächst die Katholiken und die Sozialdemokraten vorangegangen. Allein die freien Gewerkschaften zählten 1913 fast drei Millionen Mitglieder. Seit 1893 zog mit dem Bund der Landwirte auch das agrarisch-konservative Milieu nach. Und für das bürgerlich-liberale Spektrum wurden vor allem die nationalen Vereine wichtig, vom Kolonialverein über die mitgliederstarken Kriegervereine und den Flottenverein bis hin zu dem besonders markig auftretenden Alldeutschen Verband.

Beide Entwicklungen zusammen führten, begleitet und gefördert von einem enormen Aufschwung der Presse, zur Bildung eines politischen Massenmarktes mit rasch wachsenden organisatorischen und finanziellen Anforderungen an Parteien und persönlichen Anforderungen an Politiker. Zugleich entzog sich dieser Massenmarkt in seiner pluralistischen Vielfalt und in seinen schwankenden Stimmungen immer stärker den Steuerungsversuchen von Seiten der Regierung, wie sie mit partiellem Erfolg noch von Bismarck praktiziert worden waren.

In den 1890er Jahren war noch häufig von Staatsstreichplänen zu hören, mit denen der Machtanspruch des Obrigkeitsstaates verteidigt und besonders der sozialdemokratischen Bedrohung begegnet werden sollte. Teilweise kam es in den Einzelstaaten auch – wie 1896 in Sachsen – zu Wahlrechtseinschränkungen. Aber seit 1898 drehte sich der Wind: Sozialdemokraten, Linksliberale und Zentrum mobilisierten mit Erfolg ihre Anhänger gegen angebliche Staatsstreichpläne der Regierung. Die Zeichen der Zeit standen jetzt auf einer Ausweitung der Partizipationsrechte, der sich 1909 auch Sachsen nicht mehr entziehen konnte. Und 1908 verabschiedete der Reichstag ein Reichsvereinsgesetz, das mit seinen relativ liberalen Regelungen – auch Frauen waren jetzt zu politischen Veranstaltungen und Vereinsgründungen zugelassen – die Tür für die weitere Politisierung der Bevölkerung aufstieß. Nur das preußische Dreiklassenwahlrecht konnte von den Konservativen als ein letztes Bollwerk verteidigt werden. Dennoch spricht vieles dafür, dass der Obrigkeitsstaat durch die Fundamentaldemokratisierung schon vor Ausbruch des Ersten Weltkrieges in hohem Maß ausgehöhlt war.

Die Fortschritte in der Demokratisierung gingen allerdings nicht mit einem verfassungspolitischen Wandel und einer Parlamentarisierung der Reichsexekutive einher. Zwar mehrten sich nach der Jahrhundertwende die Anzeichen für eine Reformkoalition aus Zentrum, Linksliberalen und SPD. Aber die Annäherung wurde immer wieder durch aktuelle Konflikte verzögert – wie etwa 1907, als es Reichskanzler Bülow in geradezu Bismarck'scher Manier in der «Hottentotten-Wahl» gelang, mit nationalistischen und imperialistischen Parolen Zentrum und Sozialdemokratie zurückzudrängen und die Linksliberalen für einen «Bülow-Block» mit Nationalliberalen und Konservativen zu gewinnen. Erst mit der Reichstagswahl 1912, in der die Sozialdemokraten ihren Stimmenanteil auf 34,8 Prozent ausbauen konnten und nun auch die stärkste Fraktion stellten, hellten sich die Aussichten für eine Reformmehrheit wieder auf, ohne dass konkret erkennbar gewesen wäre, wie angesichts der Vorbehalte auf allen Seiten eine mehr als punktuelle Zusammenarbeit möglich werden könnte. Es waren also weniger die alten Eliten in Bürokratie und Militär, die mit ihrer starken Stellung eine Anpassung des Kaiserreichs an die Herausforderungen einer sich rasch wandelnden Welt blockierten, sondern die komplexe Realität eines modernen Gemeinwesens, in dem sich die vielgestaltigen Interessen der unterschiedlichen politischen Kräfte so überkreuzten und verwoben, dass eine fundamentale Änderung der bestehenden Ordnung kaum möglich war.

Dem stand gegenüber, dass Regierung und Reichstag seit der Jahrhundertwende auf vielen durchaus brisanten Feldern politischen Handelns konstruktiv kooperierten und sich oft breite, wenngleich unterschiedlich zusammengesetzte parlamentarische Mehrheiten fanden: Das galt für die fünf Flottenvorlagen der Jahre 1899 bis 1912 ebenso wie für die Heeresverstärkung 1913, für die Anpassung der Zolltarife 1902 wie für die Reichsfinanzreform 1909 oder auch für zahlreiche wirtschafts- und sozialpolitische Reformgesetze. Meist waren die Gesetzgebungsverfahren durch ein hohes Maß an Professionalität gerade auch bei den Parlamentariern und durch das gemeinsame Bemühen um einen Interessenausgleich bestimmt. Gewiss gab es auch Themen wie die Reichsfinanzen, bei denen die verabschiedeten Lösungen weit hinter dem an sich unabweisbaren Reformbedarf zurückblieben. Doch gerade im europäischen Vergleich erwies sich das politische System des Kaiserreichs als handlungsfähig und in der Lage, auf die Herausforderungen, die sich aus der dynamischen Entwicklung von Wirtschaft und Gesellschaft ergaben, angemessen zu reagieren. Das war im Übrigen nicht nur ein Verdienst der Reichspolitik. Auch die Einzelstaaten und vor allem die Städte trugen dazu – beispielsweise mit sozialpolitischen Innovationen – in erheblichem Maße bei.

Insofern wird eine Sicht, die das Kaiserreich als eine obrigkeitsstaatlich-autoritäre, durch unüberbrückbare Konflikte blockierte und sich auf eine Revolution hinbewegende Ordnung schildert, dem heutigen Erkenntnisstand der Geschichtswissenschaft nicht mehr gerecht. Ob freilich die weitere innenpolitische Entwicklung ohne den Ausbruch des Weltkrieges eher in eine sich verschärfende Konfrontation und zugespitzte Krise geführt oder ob sich mit fortdauernder wirtschaftlicher Dynamik ein wachsender Spielraum auch für eine demokratische Weiterentwicklung ergeben hätte, lässt sich nicht entscheiden.

3. Durchbruch der Moderne

Nur knapp 20 Minuten dauerte am 2. Juli 1900 die erste Fahrt des Luftschiffs LZ1, bei der gemeinsam mit Graf Ferdinand von Zeppelin vier Personen an Bord des ersten Starrluftschiffs in den Himmel aufstiegen. Und doch begriffen die Zeitgenossen diese Jungfernfahrt sogleich als einen epochalen Einschnitt. Mehr als zehntausend Schaulustige ließen sich an jenem Sommerabend am Ufer des Bodensees «in freudigste Stimmung» versetzen. Aus der Presse waren in den folgenden Tagen und Wochen zahlreiche Stimmen zu vernehmen, die das Luftschiff zum zentralen Symbol des gerade begonnenen neuen Jahrhunderts stilisierten. Zeppelins Höhenflug fügte sich nahtlos in eine Zeit, in der alles möglich zu sein schien, in der alle Grenzen als veränderbar oder überwindbar erschienen.

Die materielle Grundlage der Höhenflüge und des Zukunftsglaubens bildete die außergewöhnliche wirtschaftliche Prosperität der beiden Jahrzehnte um 1900, eine fast ununterbrochene, durch wenige kurze Abschwünge kaum gebremste Hochkonjunktur. Allein zwischen 1890 und 1914 verdreifachte sich das deutsche Nettoinlandsprodukt nahezu; die durchschnittliche jährliche Wachstumsrate lag knapp über drei Prozent – und damit auf einem Niveau, das nur in den Zeiten des «Wirtschaftswunders» nach dem Zweiten Weltkrieg übertroffen wurde.

Angetrieben wurde das wirtschaftliche Wachstum zwar nach wie vor auch durch die bisherigen industriellen Leitsektoren, den Bergbau sowie die Eisen- und Stahlindustrie. Doch in rasanterem Tempo wuchsen die neuen Branchen: die Elektrotechnik, die Chemie, ebenso der Maschinenbau und die optische Industrie. Gerade in diesen Industriezweigen stand Deutschland an der Spitze der technischen Entwicklung: Aus dem Nachzügler, der in der ersten Phase der industriellen Revolution die modernen Produktionsverfahren aus dem Ausland importiert und sie dann erfolgreich imitiert hatte, war ein technologischer Pionier geworden, der auf der Basis einer gelungenen Verbindung von wissenschaftlicher Forschung und industrieller Produktion eine weltweite Führungsrolle einnahm. Speziell die neuen Branchen Chemie, Elektro und Optik expandierten schon früh ins Ausland und erreichten teilweise, wie etwa die Farbenchemie, Weltmarktanteile von bis zu 90 Prozent. Doch auch die etablierten Branchen wuchsen in dramatischem Tempo: Noch 1880 produzierte Großbritannien doppelt so viel Stahl wie das Deutsche Reich, bis 1913 hatte sich dieses Verhältnis umgekehrt.

In der Phase der Hochindustrialisierung vollzog sich ebenfalls ein auffälliger Wandel der Unternehmensstrukturen: Scheinbar unaufhaltsam drängten die Großunternehmen mit mehr als tausend Beschäftigten in eine dominierende Position. 1907 waren immerhin bereits 8,1 Prozent aller Erwerbstätigen in den 478 deutschen Großunternehmen tätig. Damit gingen signifikante Veränderungen in der Unternehmensführung, in der Bürokratisierung und Rationalisierung der Produktions- und Verwaltungsprozesse und ein verändertes Verhältnis zu den Belegschaften einher. Und parallel zur Durchsetzung des Großbetriebes wurde die Aktiengesellschaft zur vorherrschenden Rechtsform der industriellen Unternehmen. 1907 waren von den 100 größten deutschen Industrie- und Bergbauunternehmen fast vier Fünftel auf Aktienkapital gegründet. Selbst Familienunternehmen wurden wegen des hohen Kapitalbedarfs für industrielle Investitionen – so die Firma Siemens 1897 – in Aktiengesellschaften umgewandelt. In den Großbetrieben kündigte sich mehr und mehr ein Wandel auch im Management an. Kapitalbesitz, Unternehmensführung und verschiedene spezialisierte Managementfunktionen traten personell auseinander. Das Gewicht des an Universitäten ausgebildeten Personals sowohl mit wirtschaftswissenschaftlicher und juristischer als auch mit technischer und naturwissenschaftlicher Vorbildung nahm erheblich zu, und zugleich wurden die Unternehmensstrukturen nicht nur an der Spitze stärker hierarchisch gegliedert, durchgängig bürokratisiert und rationalisiert.

Mit dem Aufbau dieser verbesserten Formen der Unternehmensverwaltung ging auch auf allen Ebenen der Aufstieg der neuen Berufsgruppe der Angestellten einher. Im sekundären Sektor versiebenfachte sich ihre Zahl von 1882 bis 1907 in etwa, während sich die Zahl der industriellen Lohnarbeiter nur verdoppelte. Waren 1882 noch 41 Arbeiter auf einen Angestellten gekommen, so waren es 25 Jahre später nur noch 13.

Nach der Jahrhundertwende griff der Trend zur Rationalisierung auch auf den Produktionsprozess über. Erst jetzt begann sich die Fertigung standardisierter Produkte in einzelnen Bereichen – beispielsweise bei Gewehren, Nähmaschinen und Fahrrädern – durchzusetzen. In vollem Umfang erreichte die Welle der Rationalisierung die deutsche Industrie jedoch erst nach dem Ersten Weltkrieg.

Alle diese Tendenzen zur Ausbildung moderner industrieller Strukturen wurden überwölbt durch einen nachhaltigen Prozess der horizontalen und vertikalen Konzentration, d.h. einerseits des Zusammenschlusses beispielsweise zahlreicher Zechen an der Ruhr zu großen Bergwerksgesellschaften mit bis zu 40 000 Arbeitern und andererseits der Ausdehnung gerade der Montanunternehmen auf nahezu alle Produktions- und Vertriebsstufen, also des Aufbaus einer lückenlosen Kette von der Kohle- und Erzförderung über Eisenhütten sowie Stahl- und Walzwerke bis hin zu eigenen Handelsfirmen zum Absatz der Produkte im Rahmen des eigenen Unternehmens oder Konzerns. Eine eigene Form der Konzentration bildeten die zahlreichen Kartelle, die in Deutschland seit der Krise der 1870er Jahre entstanden. Sie trafen Absprachen über Preise, Verkaufsbedingungen, Produktionsmengen und Marktaufteilungen und kontrollierten um 1905 etwa ein Viertel der industriellen Produktion.

Kartelle und Konzerne waren damit in Deutschland in besonderem Maße verbreitet, und die historische Forschung hat in ihnen zusammen mit der engen Verflechtung von Politik und wirtschaftlichen Interessen seit dem Übergang zum Schutzzoll Ende der 1870er Jahre zeitweise einen förmlichen «organisierten Kapitalismus» als eine spezifisch deutsche Erscheinung im Zeitalter der Hochindustrialisierung gesehen. Inzwischen werden jedoch auch die Grenzen solcher Versuche zur Steuerung der industriellen und gesamtwirtschaftlichen Entwicklung deutlicher vermerkt.

Durch das rapide Wachstum beschleunigte sich der von der Industrialisierung seit den 1840er Jahren angestoßene Strukturwandel Deutschlands von einer Agrar- zu einer Industriewirtschaft noch einmal in signifikanter Weise. Denn zu diesem Wachstum trugen die verschiedenen Wirtschaftssektoren in unterschiedlichem Maße bei. Der Anteil der Landwirtschaft an den Beschäftigten, der um 1870 noch mehr als die Hälfte betragen hatte, verringerte sich, obwohl auch hier die absoluten Zahlen wuchsen, bis zum Vorabend des Ersten Weltkriegs auf ein gutes Drittel. Zeitgleich erhöhte sich die Zahl der Beschäftigten im sekundären Sektor um 167 Prozent und im tertiären Sektor um 147 Prozent. An der Spitze standen 1913 mit einem Beschäftigtenanteil von knapp 38 Prozent Bergbau, Industrie und Handwerk, und auch die Bereiche Handel, Banken, Verkehr und Dienstleistungen hatten ihre Position kräftig ausgebaut. Der

Schnittpunkt dieser Entwicklungen lag in den frühen 1890er Jahren.

Dieser Wandel ist bereits von den Zeitgenossen sehr genau wahrgenommen und in seinen Konsequenzen erörtert worden. Das wohl berühmteste Beispiel ist Max Webers Freiburger Antrittsvorlesung vom Mai 1895, in der er mit schonungsloser Offenheit über die Landwirtschaft und die soziale Führungsgruppe der Agrarier im Osten des Reiches, über die preußischen Junker, konstatierte: «Sie haben ihre Arbeit geleistet und liegen heute im ökonomischen Todeskampf, aus dem keine Wirtschaftspolitik des Staates sie zu ihrem alten sozialen Charakter zurückführen könnte.»

Mit den sektoralen Verschiebungen schritt auch die Verstädterung und Urbanisierung Deutschlands in raschem Tempo voran: Mehr als die Hälfte der zudem stärker als je zuvor wachsenden Bevölkerung – allein zwischen 1890 und 1913 stieg die Bevölkerungszahl von 49 auf 67 Millionen – wohnte jetzt nicht mehr auf dem Lande, sondern in den Städten. Am auffälligsten war die «Großstadtisierung»: 1910 lebte bereits mehr als ein Fünftel der Deutschen in Großstädten.

Gerade hier, in den Großstädten, mit Berlin an der Spitze, war das grundlegend Neue mit Händen zu greifen. Schon die Geschwindigkeit, mit der sie wuchsen, spiegelte die dramatische Beschleunigung des gesamtgesellschaftlichen Umbruchs. Dazu kamen die Schnelligkeit des großstädtischen Lebens, die künstliche Helligkeit, die den Tagesablauf der Großstadtmenschen von der Natur abkoppelte, schließlich der Lärm, die verschmutzte Luft, der Dreck auf den Straßen und in den Höfen – eine Fülle der Sinneseindrücke, die für den vom Lande oder aus einer kleinen Stadt kommenden Besucher nur schwer zu verarbeiten war, während es umgekehrt zu den Merkmalen des Großstadtmenschen zählte, diese Reizüberflutung steuern, ja sogar produktiv nutzen zu können.

Denn die Verdichtung der Bevölkerung in der Großstadt bot auch ein bisher ungekanntes Maß an Arbeitsteilung und Ideenreichtum, bot eine marktbeherrschende wirtschaftliche Zentralität wie auch einzigartige Kontakt- und Kommunikationsmöglichkeiten, bildete einen Mittelpunkt des politischen Lebens und regte eine beinahe grenzenlose kulturelle Vielfalt und Kreativität an. Zugleich strahlten die neuen Formen von Urbanität auf weite Regionen oder gar auf die ganze Nation aus. Mit anderen Worten: Als Ballung aller innovativen Kräfte in Wirtschaft und Wissenschaft, in Politik und Kultur war die Großstadt der Ort der Moderne schlechthin. In ihr waren die Facetten, das Ausmaß und das Tempo des Wandels, den Deutschland und Europa um 1900 durchliefen, am unmittelbarsten erfahrbar. Den Aufstieg der Großstadt begleitete ein in Deutschland besonders großer Chor aus modernitätskritischen Stimmen, in dem sich höchst unterschiedliche Denkansätze und Sichtweisen zu einem kaum zu entwirrenden Geflecht verbanden.

Ein wichtiger Ansatzpunkt großstadtfeindlicher Äußerungen war die vorgeblich in ihrer Technizität unmenschliche, zudem ungesunde und insgesamt unnatürliche Lebensweise in den großen Städten. Neben einer allgemeinen Idealisierung der verlorenen Welten der Vergangenheit wurde ihr eine Agrarromantik entgegengestellt, die das ländliche Leben auf dem Dorf und die genügsame Existenz in der Kleinstadt verklärte. Doch auch jenseits aller ideologisch aufgeladenen Debatten drängte es weite Bevölkerungskreise um 1900 ganz konkret aus der Stadt hinaus in die Natur, ob nun in Form eines Sonntagsausfluges, als wandernde Jugendgruppen oder im Fall des gehobenen Bürgertums als Urlaub an der See oder in den Bergen. Möglichst naturnah und im Einklang mit der Natur zu leben, diese Maxime wurde von zahlreichen Reformbewegungen vertreten und strahlte auf die gesamte Gesellschaft aus.

Den zweiten Ansatzpunkt boten die sozialen Probleme der Großstadt. Denn obwohl im Zuge der Hochindustrialisierung steigende Reallöhne die Lebensverhältnisse eines großen Teils der Arbeiterschaft deutlich verbessert hatten, lebte nach wie vor mehr als ein Drittel der Bevölkerung am Rande des Existenzminimums und in drückender sozialer Not. Zugleich hatte sich die Differenz zwischen Arm und Reich erheblich vergrößert. Die soziale Frage im Allgemeinen und die sich vertiefende Klassenspaltung im Besonderen zählten daher auch um 1900 noch zu den in der Öffentlichkeit am meisten diskutierten Themen. Allerdings trat nun neben die klassische gesellschaftspolitische Sichtweise zunehmend ein neuer kulturkritischer Diskurs. Die Großstadt wurde als eine Massengesellschaft erfahren und gedeutet, in der eine anonyme, gesichtslose Masse mehr und mehr von der Stadt Besitz ergreife und das städtische Leben präge. Weit über die ältere Furcht vor dem revolutionären Aufbegehren der Massen hinaus wurde hier als Folge des allgemeinen Wahlrechts und der neuen Massenorganisationen, der Massenmedien und der Massenkultur sowie des gleichförmigen, durchgetakteten, hochrationalisierten Lebens die Großstadt als ein Schrittmacher der «Vermassung» gesehen, die keinen Raum mehr lasse für die Entfaltung der autonomen Persönlichkeit. Damit aber waren die Grundprinzipien der modernen bürgerlichen Gesellschaft wie auch jeder bürgerlichen Individualität fundamental in Frage gestellt. Gegen die Vermassung aufzubegehren und sich ihr beispielsweise durch künstlerische Originalität und individuellen Lebensstil zu entziehen oder auch Konzepte für elitäre Gemeinschaften mit dem Ziel der Persönlichkeitsformung zu entwickeln wurde daher zu einer Leitidee der Epoche.

Die genannten Ansätze verbanden sich darüber hinaus mit kritischen, zweifelnden Überlegungen an der Sinnhaftigkeit der von der modernen Wissenschaft erzielten Erkenntnisfortschritte zu einer allgemeinen Kultur- und Zivilisationskritik. Gegen die bürgerlich-liberalen Kernüberzeugungen von Fortschritt, aufgeklärter Rationalität und exakter Wissenschaft setzten die Kritiker auf Emotionalität, auf Empathie, auf Subjektivität, auf Natürlichkeit, auf ganzheitliche Lösungen, auf umfassende Welterklärung und damit letztlich auf eine neue säkulare Form von Religion. Als ihr prominentester Herold wie auch als unerbittlicher Zeit- und Kulturkritiker fand vor allem Friedrich Nietzsche mit seiner Beschwörung des schöpferischen großen Individuums und des Lebens als eines ästhetischen Phänomens in vielen Intellektuellen- und Künstlerzirkeln glühende Verehrung.

Mit der geistigen Neuorientierung ging die Ausbildung neuer Formen der gesellschaftlichen Organisierung einher. Gegen das bürgerlich-liberale Modell des freiwilligen Zusammenschlusses in Vereinen und Parteien, in denen die Mitglieder gleichberechtigt agierten und demokratisch entschieden, propagierten die Reformkräfte vorgeblich natürlichere Vergesellschaftungsformen: Bünde, Bewegungen, teilweise sektenartige Gruppierungen, die das gemeinschaftliche Erleben in den Mittelpunkt stellten und in ihrem Inneren nach dem Modell von Führer und Gefolgschaft organisiert waren. Mit den Worten des Soziologen Ferdinand Tönnies: Gemeinschaft trat an die Stelle von Gesellschaft.

Neu war schließlich ebenfalls, dass sich die Kritik an der erstarrten, verkrusteten bürgerlichen Zivilisation auch und nicht zuletzt als ein generationelles Phänomen zeigte. Der Widerspruch kam vor allem aus den Reihen des bürgerlichen Nachwuchses, der sein Aufbegehren gegen die Lebensformen des Elternhauses und den Aufbruch in eine von allen konventionellen Zwängen freie Natur ausdrücklich als Jugendbewegung und damit als Anspruch auf eine eigene, selbstbestimmte Lebensphase begriff.

Die kritischen Auseinandersetzungen mit der Moderne und die daraus entwickelten Reformkonzepte waren jedoch nicht nur vergangenheitsorientiert und antimodern. Indem sie Defizite der modernen Zivilisation offenlegten und oft auch die Ideale der frühen bürgerlichen Bewegung gegen die reale Entwicklung ins Feld führten, richteten ihre Wortführer den Blick durchaus auf die Zukunft und teilten im Grundsatz auch den liberalen Fortschrittsglauben. Wenn auch oft unscharf und in sich widersprüchlich, schien in den Reformkonzepten eine andere Moderne, zumindest eine humanere, bürgerlichere Variante der Moderne auf. Allerdings zeichnete sich in ihnen auch mancher antimoderne, antirationale und antihumane Ansatz ab, der dann nach dem tiefen Einschnitt des Ersten Weltkriegs im völkisch-nationalistischen Lager breitere Resonanz fand.

Die «Gemengelage der Befindlichkeiten von Traditionsverlust, Gegenwartsverweigerung und nervöser Zukunftserwartung» (Franz J. Bauer) ist kaum systematisch zu erfassen und noch schwerer auf einen eindeutigen Nenner zu bringen. Entsprechend differenziert, ja widersprüchlich fallen bislang die

Einordnungen der Geschichtswissenschaft aus. Doch lassen sich einige Kernpunkte festhalten.

Den zentralen Hintergrund der Debatten um die Jahrhundertwende bildete der extrem beschleunigte wirtschaftliche und gesellschaftliche Wandel. Er erzeugte Unsicherheiten, Verlustängste und Anpassungsprobleme und förderte das Bemühen um Rückversicherung. Die Suche nach Stabilitätsankern wurde noch dadurch verstärkt, dass die Gesellschaft des Kaiserreiches in sehr unterschiedlichem Maße von der Moderne erfasst war. Nur daraus erklärt sich auch, dass in den 1890er Jahren überhaupt noch darüber debattiert werden konnte, ob das Deutsche Reich eher eine Zukunft als Agrar- oder als Industriestaat haben werde. Die darüber hinausgehende Suche nach neuen Orientierungen blieb angesichts der dramatischen Veränderungen vielgestaltig und diffus und verband sich – auch wegen der anstehenden Jahrhundertwende – mit einer stark pessimistisch gefärbten Grundstimmung, die sich bei vielen Wortführern der Debatten zu einem ausgesprochenen Krisenbewusstsein steigerte.

Zivilisationskritik und Kulturpessimismus traten jedoch keineswegs einfach an die Stelle des älteren Fortschrittsglaubens. Dieser existierte ungebrochen weiter, ja befand sich um 1900 angesichts der dramatisch beschleunigten wissenschaftlichen und technischen Innovationen sogar auf einem absoluten Höhepunkt. Will man das Neben- und Gegeneinander von optimistischen und pessimistischen, von eher zustimmenden und eher ablehnenden Reaktionen auf den Durchbruch der Moderne nicht auf eine prinzipielle Differenz von Modernisten und Antimodernisten zurückführen, so liegt es nahe, den Gegensatz als ein Signum der Moderne selbst zu verstehen.

Die Moderne bot aus sich heraus Ansatzpunkte und Instrumente an, sie kritisch zu sehen und radikal zu hinterfragen, indem sie alle bisherigen Gewissheiten, alle Überlieferung, alle Regelhaftigkeit und alle Konvention, zur Disposition stellte. Sie schlug die Breschen, die es ermöglichten, radikal Neues zu denken, das sich folglich auch nicht mehr in eine stimmige Ordnung bringen ließ, sondern das sich in einer zutiefst widersprüchlichen Vielfalt präsentierte, ja Bekenntnis zur Moderne und Zweifel an ihr konnten in eins fallen. Am unmittelbarsten lassen sich diese Entwicklungen in der Musik und in der bildenden Kunst der Jahrhundertwende greifen.

Noch einen Schritt weiter gehen allerdings Deutungen, die die Moderne nicht nur durch immanente Widersprüche, sondern durch eine prinzipielle Janusköpfigkeit charakterisiert sehen. Demzufolge trug die «klassische Moderne» (Detlev Peukert), wie sie sich in Absetzung von der älteren Moderne ab 1880 herauszubilden begann, in sich – besonders in ihren ökonomisch-technischen Kapazitäten, in ihrer wissenschaftlich-rationalen Weltaneignung und in ihren bürokratischen Herrschafts- und Organisationsformen – neben Aussichten auf eine bessere Zukunft auch Vernichtungspotentiale und Möglichkeiten der Inhumanität bisher ungekannten Ausmaßes. Die Krise der Moderne war dann weit mehr als eine vorübergehende Orientierungskrise angesichts eines extrem beschleunigten Wandels und verlorener Wegmarken, nämlich eine in der Moderne selbst bereits angelegte negative Variante der Entwicklung.

Von entscheidender Bedeutung sind diese Überlegungen für die Interpretation des Ersten Weltkrieges und damit auch für die Periodisierung des 19. Jahrhunderts. Aus der Sicht der Verfechter der klassischen Moderne, die eine Epocheneinheit von 1880 bis 1945 postulieren, war der Weltkrieg lediglich ein Katalysator, der die in den Jahrzehnten zuvor aufgekommenen Modernisierungsschritte beschleunigte und im Sinne der negativen Variante akzentuierte. Hingegen liefert die intensive jüngere Forschung zum Weltkrieg auch viele Argumente dafür, den Krieg mit seinen mentalitätsprägenden Gewalterfahrungen, der radikalen Entgrenzung des Denkens und Handelns und der extremen Zuspitzung vieler Konflikte nach wie vor als entscheidende Wasserscheide und als Beginn einer neuen Epoche zu sehen, als jene «Urkatastrophe», in der das europäische Jahrhundert zu Ende ging.

Der Durchbruch der Moderne um 1900 erscheint dann in einem helleren Licht: als eine historische Phase des Aufbruchs und der Chancen, in der Deutschland und Europa einen ersten

Anlauf nahmen, wirtschaftlich und technisch wie auch wissenschaftlich und kulturell eine Lebensform zu etablieren, die noch bis in unsere Gegenwart hinein faszinierend wirkt. Stattdessen aus der Fülle der Entwicklungen und dem großen Fundus der Ideen um 1900 retrospektiv jene herauszugreifen, die nach dem großen Krieg in einem fundamental veränderten Umfeld in verhängnisvoller Weise Karriere machten, wird weder der komplexen Vielfalt der Zeit der Jahrhundertwende noch dem jeweiligen Stellenwert der Ideen gerecht.

Literaturhinweise

Franz J. Bauer, Das ‹lange› 19. Jahrhundert (1789–1917). Profil einer Epoche. 3. Aufl. Stuttgart 2010.

David Blackbourn, History of Germany, 1780–1918. The Long Nineteenth Century. 2. Aufl. Malden, Mass. 2003.

Anselm Doering-Manteuffel, Die deutsche Frage und das europäische Staatensystem 1815–1871. 3. Aufl. München 2010.

Elisabeth Fehrenbach, Verfassungsstaat und Nationsbildung 1815–1871. 2. Aufl. München 2007.

Lothar Gall, Bismarck. Der weiße Revolutionär. Frankfurt am Main/Berlin/Wien 1980.

Lothar Gall, Von der ständischen zur bürgerlichen Gesellschaft. München 1993.

Hans-Werner Hahn, Die industrielle Revolution in Deutschland. 3. Aufl. München 2011.

Hans-Werner Hahn/Helmut Berding, Reformen, Restauration und Revolution 1806–1848/49. Stuttgart 2010.

Klaus Hildebrand, Das vergangene Reich. Deutsche Außenpolitik von Bismarck bis Hitler 1871–1945. Stuttgart 1995.

Jürgen Kocka, Das lange 19. Jahrhundert. Arbeit, Nation und bürgerliche Gesellschaft. Stuttgart 2001.

Dieter Langewiesche, Nation, Nationalismus, Nationalstaat in Deutschland und Europa. München 2000.

Friedrich Lenger, Industrielle Revolution und Nationalstaatsgründung. (1849–1870er Jahre). Stuttgart 2003.

Thomas Nipperdey, Deutsche Geschichte 1800–1866. Bürgerwelt und starker Staat. München 1983.

Thomas Nipperdey, Deutsche Geschichte 1866–1918. 2 Bde. München 1990–1992.

Jürgen Osterhammel, Die Verwandlung der Welt. Eine Geschichte des 19. Jahrhunderts. 5. Aufl. München 2010.

Hans-Peter Ullmann, Das Deutsche Kaiserreich 1871–1918. Frankfurt am Main 1995.

Hans-Ulrich Wehler, Deutsche Gesellschaftsgeschichte. Bd. 1–3. München 1987–1995.

Personenregister